Das Zuckerl

Christian Mayer

Das Zuckerl

Geschichte und Tradition einer Handwerkskunst

Text: Caroline Metzger

Inhalt

Ich bin **Zuckerlmacher.** Einer der Letzten meiner Zunft.

Für viele von Ihnen wird dieses Buch eine Reise zurück in die Kindheit werden. In eine Zeit, in der Zuckerl noch stückweise aus großen Gläsern von einer netten Verkäuferin gereicht wurden, als ein einzelnes Wiener Zuckerl aus Omas geheimer Zuckerlschublade unsere Kinderaugen zum Leuchten brachte und ein einfacher PEZ-Spender über viele Wochen geliebtes und gehütetes Spielzeug wurde.

Mein Name ist Christian Mayer, und ich bin Zuckerlmacher. Einer der Letzten meiner Zunft.

Mit diesem Buch möchte ich Ihnen nicht nur von einem längst in Vergessenheit geratenen Handwerk, sondern vielmehr von einem großen Stück österreichischer Kultur- und Industriegeschichte erzählen. Und davon, wie einst und jetzt die österreichischen Zuckerlmacher mit ihren süßen Leckereien die Welt eroberten.

Dieses Buch ist nicht nur eine Hommage an die lange Tradition der Zuckerlherstellung in unserem Land und deren Pioniere, sondern auch die Erfüllung eines Versprechens, welches ich meinem langjährigen Freund und Wegbegleiter Fritz Heller vor seinem Tod gegeben habe. Nämlich die Geschichte seines Großvaters, der Gebrüder Heller und ihrer weltbekannten Zuckerlfabrik zu erzählen und somit zu bewahren.

Meiner engen Freundschaft zu Fritz, dem letzten Eigentümer der legendären Heller Zuckerlfabrik in Wien, ist es zu verdanken, dass dieses Buch, das Sie gerade in den Händen halten, überhaupt entstand. Es ist deshalb ihm gewidmet.

Christian Mayer

Das Wesen

des
Zuckers

DIE BIOCHEMIE DES ZUCKERS

Es gibt nicht viele Nahrungsmittel, die einen fixen Platz in wohl ausnahmslos jeder Küche rund um die Welt haben. Die beiden, über die man das mit an Sicherheit grenzender Wahrscheinlichkeit behaupten kann, sehen sich zum Verwechseln ähnlich und weisen auch aus chemischer Sicht so manche Parallele auf, obwohl sie in Bezug auf ihren Geschmack nicht verschiedener sein könnten – Salz und Zucker haben die Art, wie wir essen, von Grund auf verändert. Doch im Gegensatz zum Salz ist Zucker viel mehr als ein Gewürz, das in minimaler Dosis für die Vollendung eines Gerichtes sorgt – er ist überlebenswichtiger Treibstoff für den Körper und überaus populäres Genussmittel in einem. Und das seit Tausenden von Jahren.

Alles begann mit der Entdeckung des süßen Innenlebens einer unscheinbaren Pflanze, die optisch Assoziationen irgendwo zwischen Schilf und Bambus hervorruft. Doch bis zur ersten Nutzung eines daraus erzeugten Produktes in weiß-körniger Ausgestaltung als Gewürz und Konservierungsmittel über dessen Verwendung als allgegenwärtige Waffe gegen bittere, saure oder grundsätzlich unangenehme Geschmäcke bis zu seiner Etablierung als nicht nur von Kindern geliebte Delikatesse war es ein weiter Weg. Dieser ist gekennzeichnet von politischen und gesellschaftlichen Entwicklungen und Wendungen, er zeichnet schon in seinen Anfängen ein entscheidendes Stück der Menschheitsgeschichte nach, von der Entwicklung der unterschiedlichen Kulturen rund um den Erdball über die Entdeckung der Welt und ihre Kolonialisierung. Er illustriert genauso die Erfindung und Weiterentwicklung technischer Verfahren, wie er ein Bild zeichnet von den Menschen und ihren Lebensgewohnheiten über die Jahrhunderte. Denn die Geschichte des Zuckers ist in vielen Teilen auch die Geschichte der Industrialisierung – und umgekehrt. Und ohne die wäre die Gegenwart zwar weniger konflikt- und problembeladen, gleichzeitig jedoch um einiges weniger bequem und angenehm. Man kann also völlig zu Recht und ohne jegliche Übertreibung sagen: Der Zucker hat die Welt verändert. Bevor man sich jedoch aus historischer Perspektive auf seine weitverzweigte Spur begibt, gilt es zuerst, den Gegenstand der Untersuchungen näher zu betrachten.

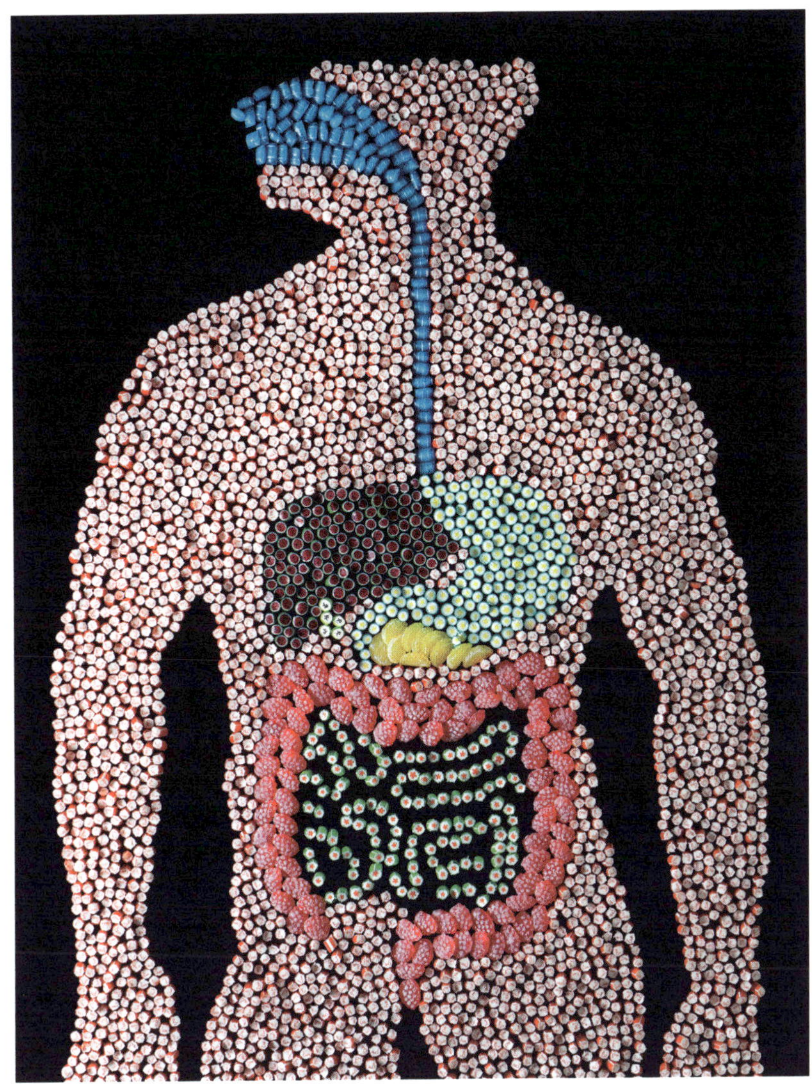

Wenn der gemeine Mensch von Zucker spricht, meint er in beinahe allen Fällen das, was Chemiker unter der Summenformel $C_{12}H_{22}O_{11}$ kennen: Saccharose – auch Sukrose –, ein Kohlenhydrat und Zweifachzucker/Disaccharid, das sich als organisch-chemisches Produkt aus den beiden kleineren Kohlenhydraten oder Einfachzuckern/Monosacchariden Glukose – landläufig bekannt als Traubenzucker – und Fruktose oder Fruchtzucker zusammensetzt. Im allgemeinen Sprachgebrauch wird Saccharose auch als „Industrie-" oder „Haushaltszucker" bezeichnet und besteht aus chemischer Sicht aus je einem Fruktose- und Glukosemolekül. Für den menschlichen Körper hat Saccharose eine essenzielle Bedeutung, denn ihre Bestandteile sind unsere wichtigsten Energielieferanten – ihnen verdanken sowohl unser Gehirn als auch die Muskeln ihre Leistungsfähigkeit.

Nehmen Menschen Saccharose zu sich, wird diese im Magen aufgenommen und dort zunächst in ihre Einzelteile zerlegt. Während die Verstoffwechselung der Fruktose langsamer vor sich geht, wird die Glukose im Körper zügig verarbeitet: Über die Dünndarmwand gelangt sie in die Blutbahn und löst die sogenannte „Insulinsekretion", also die Freisetzung von Insulin aus. Das Hormon Insulin wird in den Langerhans-Inseln – daher auch der Name – der Bauchspeicheldrüse gebildet und über die Blutbahn zu den Zellen von Muskeln, Leber und Niere transportiert. Dort wirkt Insulin wie eine Art Schlüssel – es „sperrt" gewissermaßen die Zellen auf, damit diese die Glukose aufnehmen und daraus Energie gewinnen können. Jener Teil der Glukose, der nicht unmittelbar für die Energiegewinnung gebraucht wird, wird in den Glykogenspeichern des Körpers eingelagert, damit dieser im Fall fehlender Nahrungszufuhr darauf zurückgreifen kann. Ist dann noch Glukose übrig, wird sie zu Fett verarbeitet und ebenfalls eingelagert.

Das Haupteinsatzgebiet der Glukose ist aber das Gehirn – damit wir denken können, wach, aufnahmebereit und reaktionsfähig sind, wird ein Großteil der Glukose aus dem Dünndarm über die Blutbahn direkt ins Gehirn transportiert. Etwa drei Viertel der Gesamtmenge an verfügbarer Glukose sind für das einwandfreie Funktionieren der Gehirnzellen zuständig, von den rund 200 Gramm Glukose, die der menschliche Körper pro Tag für seine optimale Funktion benötigt, sind also etwa 130 Gramm für das Gehirn reserviert.

Während die Zweifachzucker schnell in ihre Einzelteile zerlegt sind, braucht der Körper für das Spalten der Mehrfachzucker oder Polysaccharide bedeutend länger. Auch sie setzen sich aus mehreren Einfachzuckern zusammen und sind ein für den menschlichen Organismus überlebenswichtiges Kohlenhydrat. Im Sprachgebrauch werden sie oft als „Stärke" bezeichnet, die etwa in Kartoffeln und Getreide enthalten ist. Im Körper passiert bei der Verstoffwechselung wieder ein ähnlicher Vorgang: Er spaltet die Mehrfachzucker zunächst in Saccharose und diese dann wiederum in Fruktose und Glukose. Je länger es braucht, die Glukose aus der zugeführten Nahrung zu verarbeiten, desto konstanter ist auch der Blutzucker – und damit das Energielevel. Handelsübliche Dragees aus Traubenzucker lösen deshalb eine schnelle, aber auch kurzfristige Energiezufuhr aus.

In Maßen ist Zucker also überlebenswichtig für den Menschen und seine körperlichen Funktionen, übermäßiger Konsum führt dagegen zu einer Reihe von gesundheitlichen Problemen. Wenn die körpereige-

nen Speicher voll sind und trotzdem weiter Zucker in die Blutbahn gelangt, wird dieser in Fett umgewandelt und gespeichert. Auch die Bauchspeicheldrüse muss in diesem Fall mehr arbeiten als nötig und produziert mehr Insulin, was den Blutzuckerspiegel dann trotz der hohen Zuckerzufuhr auf ein zu niedriges Level drückt. Der daraus folgende Energieabfall führt zu Hunger und dieser zu erneuter Zuckerzufuhr, was den Kreislauf wieder von vorn beginnen lässt.

Neben den häufigsten Zuckerarten kennt die Chemie noch eine Menge anderer Zucker, die uns auch im Alltag und im Sprachgebrauch häufiger begegnen: Neben dem Zweifachzucker Maltose (Malzzucker) etwa die Laktose (Milchzucker), das einzige tierische Produkt in der Familie der Zucker. Eine weniger geläufige Form ist Xylose oder Holzzucker, den man heutzutage immer öfter auch in Supermärkten als Zuckerersatzstoff unter dem Namen „Birkenzucker" findet. Jede dieser „Unterarten" hat ihre eigene Entdeckungs- und Verwendungsgeschichte, gemeinsam ist ihnen allen aber die Verarbeitungsweise und Funktion im menschlichen Körper.

Saccharose sorgt also für hohe Denkleistung, schnelle Reaktionen, Muskelkraft und das Funktionieren der Zellen und kann auch aus Mehrfachzuckern im menschlichen Körper hergestellt werden. Wenn wir aber Zucker essen, stammt die Saccharose aus anderer Quelle. Zwar kann sie auch im Labor erzeugt werden, der handelsübliche weiße oder braune Zucker ist aber ein biosynthetisches Produkt – es stammt also aus natürlicher Quelle, deren Entstehung durch ihre Summenformel $C_{12}H_{22}O_{11}$ deutlich wird: Die eigentlich recht simple Verbindung von Kohlen-, Wasser- und Sauerstoff entsteht durch Photosynthese, also mithilfe von Energie in Form von Sonnenlicht sowie Wasser und Kohlenstoffdioxid. In ihren Blättern produzieren Pflanzen dabei zunächst Glukose und Sauerstoff. Letzteren brauchen wir zum Atmen, Erstere benötigt die Pflanze selbst für ihr Wachstum, ein Teil davon wird mithilfe eines Enzyms zu Saccharose, das die Pflanze speichert. Saccharose ist also in vielen Grünpflanzen zu finden, etwa in Bäumen und in manchen Wurzeln oder Knollen sowie in Gräsern. Bei diesen drei Hauptvorkommen gibt es inzwischen Methoden, den Zucker zu extrahieren. Man kennt diese verschiedenen Zuckerarten aus dem Supermarkt, so bestehen auch Palm- und Ahornzucker aus Saccharose. Für den heute bekannten und vielfach benutzten herkömmlichen Haushaltszucker spielen aber zwei Pflanzenarten die Hauptrolle: die Zuckerrübe und das Zuckerrohr.

SÜSSE GEWÄCHSE: ZUCKERROHR UND ZUCKERRÜBE

Das Zuckerrohr

Es gehört zur Familie der Süßgräser und wächst bereits seit Tausenden von Jahren auf der Erde: Jahrhundertelang war das Zuckerrohr mit dem wissenschaftlichen Namen *Saccharum officinarum* die einzige Quelle für die Herstellung von Zucker. Das mehrjährige Gewächs – die Pflanze stirbt also nach einer Wachstumsperiode nicht ab, sondern entwickelt über mehrere Jahre immer wieder neue Triebe – kann unter idealen Bedingungen innerhalb weniger Monate zu einer stattlichen Höhe von sechs bis sieben Metern heranwachsen. Ihre Halme, die an den ebenfalls zu den Gräsern zählenden Bambus erinnern, werden mehrere Zentimeter dick. Die Blätter sind lang und schmal, an der Spitze des Halmes wachsen lange, rispenförmige Blütenstände, die für die häufige Verwechslung mit Schilfgras verantwortlich sind.

Der für die Zuckerproduktion wertvolle dickflüssige Saft, den die Pflanze im Zuge der Photosynthese produziert, wird in den sogenannten „Schnitzzellen" der Halme oder Stängel gespeichert, die klebrige Flüssigkeit schmeckt bereits im rohen, unverarbeiteten Zustand süß. Heute hat Zuckerrohr einen Zuckergehalt von 10 bis maximal 20 Prozent, doch wie bei allen Pflanzen haben die Umgebungsbedingungen entscheidenden Einfluss auf deren Wachstum und Eigenschaften. Im Fall des Zuckerrohrs heißt das: Je mehr Sonne und Nährstoffe die Pflanze bekommt, desto mehr Saft produziert sie und desto höher ist auch der Zuckergehalt darin.

Zuckerrohr wächst ausschließlich in tropischen Regionen, denn obwohl es als relativ anspruchslos gilt, ist es überaus kälteempfindlich. Warme bis heiße Temperaturen und eine hohe Luftfeuchtigkeit sind nötig, damit es wächst und genug Saccharose für die Zuckerproduktion entsteht. In idealen Klimabedingungen und mit ausreichend Wasser ist die Pflanze nach etwa 12 bis 18 Monaten mehrere Meter hoch und reif für die Ernte. Heute gehören deshalb Länder mit entsprechendem Klima in Südamerika und Südostasien zu den wichtigsten Zuckerrohrproduzenten. Die weltweit Größten unter ihnen sind Indien und Brasilien, dort wurden im Jahr 2022 jeweils rund 30 Millionen Tonnen Zucker hergestellt.

Das tropische
Zuckerrohr erinnert
mit seinen dicken
Halmen und langen
Blättern an Bambus
oder Schilfgras.

Einer der größten Zuckerrohrproduzenten der Welt ist Brasilien: 700 Millionen Tonnen des Süßgrases wurden dort im Jahr 2022 geernet.

Zuckerrohr dient aber nicht nur zur Herstellung von Haushaltszucker, bei dessen Produktion fallen auch zahlreiche Nebenprodukte ab, die anderweitig verwendet werden können – und das seit jeher. Früher wurde die sogenannte „Bagasse", also die ausgepressten, faserigen Rückstände der zerkleinerten Halme, zum Beheizen der Sudkessel verwendet, die wiederum für die Zuckerherstellung nach traditioneller Art unerlässlich waren. Da aber auch die ausgepressten Reste noch über einen hohen Zuckergehalt verfügen, kann man aus ihnen auch umweltfreundlichen Kraftstoff – Bioethanol – herstellen. Der in der Bagasse enthaltene Zucker wird dabei durch Fermentation zu Alkohol umgewandelt, der dann weiterverarbeitet werden kann. Als Tierfutter kommen die verarbeiteten Reste ebenfalls zum Einsatz.

Auch die Melasse, also der dunkle, zähflüssige Sirup, der am Ende der Zuckerproduktion übrig bleibt, kann vielfältig verwendet werden. Sie entsteht, wenn der aus Zuckerrohr oder -rüben extrahierte Zuckersaft am Ende des Produktionsprozesses geschleudert wird, um mithilfe der Zentrifugalkraft die festen von den flüssigen Bestandteilen zu trennen. Erstere ergeben das Endprodukt, den Zucker, Letztere die Melasse. Während diese früher vor allem mit den ausgepressten Resten der Pflanzen vermengt wurde, um daraus Tierfutter herzustellen, gilt sie heute auch als „gesunder" Zuckerersatz, enthält sie doch neben einem Zuckergehalt von rund 50 Prozent noch zahlreiche Nährstoffe. Auch für die Herstellung von Alkohol durch Fermentation ist die Melasse wertvoll – seit jeher geht ein großer Teil der bei der Zuckerproduktion abfallenden Melasse auch in Brennereien: Sie ist die Hauptzutat von Rum und anderen hochprozentigen Getränken.

Die Zuckerrübe

Es ist den Wachstumsbedingungen des Zuckerrohrs geschuldet, dass Zucker über Jahrhunderte als teures Luxusprodukt galt, das nur schwer aufzutreiben war. Weil es nur in tropischem Klima wächst, musste es auf langen und gefährlichen Seewegen importiert werden. Erst im 18. Jahrhundert führte die Entdeckung eines deutschen Chemikers dazu, dass die Runkelrübe mit dem botanischen Namen *Beta vulgaris* heute in kultivierter Form und mit „hochgezüchtetem" Zuckergehalt als Zuckerrübe bekannt ist.

Die kleine Pflanze mit ihren großen, sattgrünen Blättern und den weißen Knollen ist zweijährig, sie bildet also im ersten Jahr Knollen unter der Erde aus, im zweiten trägt sie überirdisch Blüten und Samen. Wie auch das Zuckerrohr produziert die Rübenpflanze mithilfe der Photosynthese in ihren Blättern Kohlenhydrate, die dann in Form von Saccharose in der Rübe gespeichert werden – man nennt diese deshalb auch „Speicherwurzel". Durch die gezielten Züchtungen der vergangenen Jahrhunderte übersteigt der Zuckergehalt der Knollen heute jenen des Zuckerrohrs – Rüben in idealen Wachstumsbedingungen, also in nährstoffreichen, sand- und tonarmen Böden ohne zu viel Feuchtigkeit, entwickeln rund 15 bis 20 Prozent Zuckergehalt. Im Vergleich zum Zuckerrohr hält die Rübe kältere Temperaturen besser aus und ist deshalb auch in gemäßigten Klimazonen heimisch.

Ihr Jahreskreislauf unterscheidet sich je nach Anbaugebiet: In Nord- und Mitteleuropa werden Zuckerrüben im beginnenden Frühling ausgesät und im späten Herbst geerntet. Denn auch hier gilt: Je mehr Zeit und Sonne die Pflanzen erhalten, desto höher ist ihr Zuckergehalt, spätestens vor dem ersten Frost müssen sie aber aus dem Boden geholt werden. In Südeuropa wird dagegen im Herbst ausgesät. Kurze Trockenperioden können der robusten Pflanze meist nichts anhaben, längere Dürrephasen jedoch schlagen sich auf den Ertrag nieder: Bekommen die Wurzeln zu wenig Feuchtigkeit, werfen die Rüben ihre Blätter ab und bilden neue aus. Der gesteigerte Energieaufwand innerhalb der Pflanze führt dazu, dass sie später weniger Zucker enthält. Unter idealen Bedingungen werden die Rüben rund 20 bis 30 Zentimeter groß und erreichen ein Gewicht von bis zu einem Dreiviertelkilo. Stimmt das Verhältnis von Sonne, Regen und Temperatur, können auf einem Hektar Anbaufläche um die 70 Tonnen Rüben geerntet werden.

Pioniere im Anbau der Zuckerrübe und ihrer Vorformen waren die alten Griechen: Schon im antiken Griechenland wurde die Runkelrübe vor rund 2000 Jahren an-

Die unscheinbare Zuckerrübe produziert mithilfe der Photosynthese Zucker in ihren Blättern, der dann in der unterirdischen Rübe gespeichert wird.

Die „Königin der Feldfrüchte" nennt man die Zuckerrübe auch deshalb, weil keine Abfallprodukte entstehen – von der Rübe bis zu den Blättern wird alles verarbeitet.

gebaut, allerdings nicht für die Weiterverarbeitung zu Zucker, sondern gemeinsam mit anderen Rübenarten als Gemüsepflanze. Mit der Entdeckung der Zuckerrübe änderte sich die Zuckerindustrie von Grund auf, heute werden Zuckerrüben vornehmlich in Nordamerika und ganz Europa angebaut, rund 90 Prozent des europäischen Zuckerbedarfes werden durch den Anbau von Rüben gedeckt, Spitzenreiter sind Deutschland und Frankreich.

Doch die unscheinbare Pflanze kann noch viel mehr: Weil sie außergewöhnlich lange Wurzeln ausbildet, die bis zu 1,5 Meter in den Boden reichen und so auch in größeren Tiefen nach der benötigten Feuchtigkeit „graben" können, gilt sie als Zeigerpflanze für besonders lössreiche, tiefgründige Böden. Für die Landwirtschaft ist auch der überirdische Teil der Pflanze direkt und indirekt relevant: Die großen grünen Blätter bedecken im Sommer den gesamten Ackerboden – Zuckerrübenfelder sind deshalb bevorzugte Brutplätze für viele Vogelarten und Nagetiere wie Feldhasen, die dort Schutz vor der Sonne und Nahrung finden. Auch in den immer länger dauernden Trockenperioden trocknet der Boden durch sein natürliches Dach aus Rübenblättern nicht vollständig aus. Die CO_2-Bilanz der Pflanze ist aufgrund ihrer großen Blätter ebenfalls überaus positiv: Sie nimmt viel Kohlenstoffdioxid aus der Luft auf und gibt eine beachtliche Menge Sauerstoff ab.

Die Rübe an sich gilt aber hierzulande auch deshalb als die Königin der Feldfrüchte, weil sie keinerlei Abfallprodukte zurücklässt. Nach der Extraktion des enthaltenen Zuckers kommen Blätter und Rübenreste als Tierfutter zum Einsatz, Forscher und kreative Start-ups suchen zusätzlich nach weiteren Möglichkeiten zur Nutzung der Produktionsreste. So können aus den Rübenschnitzeln inzwischen Dämmmaterialien und sogar erdölfreie Verpackungsmaterialien als Plastikersatz hergestellt werden, die komplett biologisch abbaubar sind. Das wichtigste Nebenprodukt ist aber wie beim Zuckerrohr die Melasse, die zur Herstellung von Alkohol für medizinische, technische und kulinarische Zwecke dient.

DIE ZUCKERWERDUNG

Damit aus Zuckerrohr und Zuckerrübe eine reinweiße, kristalline Substanz mit süßem Geschmack wird, sind viele Arbeitsschritte nötig. Die Grundtechniken der Zuckerextraktion aus Zuckerrohr dürfte jahrtausendealt sein und in ihren Grundzügen in Melanesien entwickelt worden sein. Schon in den ersten Jahrhunderten nach Christus waren die Bevölkerungen des arabischen und indischen Raums damit vertraut und entwickelten die Methoden stetig weiter. Mit der Reise des Zuckers nach Westen entstanden auch dort immer mehr Raffinerien und Produktionsstätten, in vielen Ländern geschehen Anbau und Weiterverarbeitung aber noch heute in unmittelbarer Nachbarschaft.

Aus chemischer Sicht handelt es sich bei Zucker um eine Substanz, deren nächster „Verwandter" nicht andere natürliche Süßungsmittel wie Honig sind, sondern jener Stoff, der in Bezug auf den Geschmack eher als Kontrast wahrgenommen wird: Auch Salz ist ein natürliches Produkt, das in reiner Form zu den Grundnahrungsmitteln gehört – von den Ähnlichkeiten bezüglich Aussehen und Zustand ganz zu schweigen. Doch im Gegensatz zu Salz beginnt die Zuckerwerdung schon mit dem Keimen der Zuckerrohrpflanze – mithilfe der Sonne und dem aufgenommenen CO_2 produziert sie mittels Photosynthese Saccharose und speichert diese im Inneren ihrer Halme. Wenn das Zuckerrohr reif ist, also je nach Temperatur und Klima nach einem bis eineinhalb Jahren Wachstumszeit, werden die Halme knapp über dem Boden abgeschnitten und die Blätter, die keinen Zucker enthalten, entfernt. Heutzutage geschieht dies mit modernen Agrarmaschinen, in früherer Zeit mussten Arbeiter die Halme mit Macheten ernten. Die übrig gebliebenen Stümpfe treiben nach der Ernte wieder aus, eine Zuckerrohrpflanze kann bis zu 20 Jahre alt werden. Eine alte Methode, die aus ökologischer Sicht besonders problematisch ist, ist heute in vielen Ländern verboten, kommt aber dennoch immer wieder zum Einsatz: Am Abend vor der Ernte werden die Zuckerrohrfelder in Brand gesteckt. Die Flammen vernichten dabei nicht nur die Blätter, sondern auch Unkraut und Ungeziefer, die Halme bleiben aufgrund ihres hohen Wassergehaltes stehen und können am nächsten Tag ohne Hindernisse abgeschlagen werden.

Die modernen Erntemaschinen übernehmen inzwischen auch gleich den zweiten mühseligen Schritt der Ernte, denn sie holen nicht nur die Halme vom Feld, sondern zerkleinern sie auch gleich in handliche Stücke mit rund 15 Zentimeter Länge – auch das musste früher von den Arbeitern und ihren Macheten über-

Im 18. und 19. Jahrhundert hielt die Fließbandarbeit auch in die Zuckerproduktion Einzug.

nommen werden. Vom Feld wird das klein geschnittene Zuckerrohr dann in die Zuckermühle geliefert.

In früherer Zeit landeten die zerkleinerten Halme in einer mit tierischer, mitunter auch menschlicher, Muskelkraft betriebenen Mühle aus mehreren Walzen, die den Saft aus den faserigen Zuckerrohrstücken pressten. Auch diese Arbeit erfolgt heute vollautomatisch, jedoch nach demselben Prinzip – nachdem die Zuckerrohrstücke in gewaltigen Maschinen zu einer Masse aus winzigen Fasern zerhäckselt werden, wird der Saft ausgepresst und aufgefangen. Die trockenen Überreste, die Bagasse, werden zur Weiterverarbeitung transportiert, früher dienten sie als Brennstoff für das Befeuern der Sudkessel, in denen der Zuckersaft hernach eingekocht wurde. Wie viele Arbeitsschritte danach noch nötig sind, hängt vom Endprodukt ab: Der dünnflüssige Zuckersaft wird eingekocht, das enthaltene Wasser verdampft, bis ein zäher Sirup entsteht. Lässt man diesen abkühlen und auskristallisieren, entsteht brauner Rohzucker. Der reinweiße Haushaltszucker dagegen braucht noch etwas Zeit – dazu wird der Sirup zunächst geklärt, eingekocht und auskristallisiert. Die Kristalle werden dann erneut mit Wasser vermischt und wieder eingekocht, bis eine vollkommen klare Flüssigkeit entsteht, die dann endgültig auskristalli-

In den Heimatländern des Zuckerrohrs befinden sich die Zuckerfabriken oft in unmittelbarer Nähe der Felder, um eine reibungslose Rohstoffversorgung zu garantieren.

sieren darf. Aus dem zähflüssigen Rückstand dieser Produktionsschritte, der Melasse, lässt sich wiederum Wertvolles herstellen: Sie kommt in die Destillerie und wird zu Rum.

Jahrhundertelang geschah das Auskristallisieren des Zuckersirups in zylindrischen Gefäßen – Zuckerhüte oder -kegel waren deshalb die einzige Form, in der Zucker angeboten wurde. Zur Weiterverarbeitung wurden mit einem kleinen Hammer oder einem sogenannten „Zuckerbrecher" die Kristalle des steinharten Zuckerhuts abgeschlagen. Der Legende nach führte ein Unfall im 19. Jahrhundert dazu, dass diese Form heute nur noch selten angeboten wird und stattdessen praktischere Portionsgrößen auf den Markt kamen. Angeblich verletzte sich die Gattin des böhmischen Zuckerfabrikanten Jacob Christoph Rad beim Bearbeiten eines Zuckerhuts am Finger, woraufhin ihr Ehemann sich an die Erfindung einer Art Modell machte, ähnlich einem modernen Eiswürfelbehälter, in den der feuchte Zucker gefüllt werden und dort in quadratischer Form trocknen konnte. 1843 meldete er ein Patent für seinen Würfelzucker an, schon bald wurde Zucker auch in allerlei anderen Formen, jedenfalls aber in kleineren und handlichen Portionen verkauft. Der Verkauf von Zucker in kristalliner Form, wie wir ihn heute kennen, wurde erst im 20. Jahrhundert üblich, als auf den Transportwegen keine Gefahr mehr bestand, dass der Rohstoff mit Wasser in Berührung kommen und verkleben konnte.

Die Rübenzuckerproduktion gleicht in vielen Arbeitsschritten jener des Zuckerrohrs, macht sich allerdings einige neuere Erkenntnisse aus den Bereichen der Le-

bensmittelchemie und modernen Produktionsbedingungen zunutze.

Auch hier beginnt alles mit der Ernte der Feldfrüchte. Mit Erntemaschinen werden die weißen Rüben aus dem Boden geholt, von ihren Blättern befreit und in die Fabrik geliefert. Dort werden die mit einer Schicht Erde überzogenen Bodenfrüchte zunächst sorgfältig gewaschen und im Anschluss zu Rübenschnitzeln zerkleinert. Im Gegensatz zum Zuckerrohr werden diese aber nicht ausgepresst, der Zucker wird stattdessen mit einem anderen chemischen Verfahren gelöst – er wird, wie es in der Fachsprache heißt, „ausgelaugt". Die Schnitzel werden also mit heißem Wasser im Gegenstromverfahren übergossen, wodurch die Zellwände platzen, der Zucker innerhalb der Rüben freigesetzt und der so gewonnene Rohsaft aufgefangen wird. Die ausgelaugten Rübenschnitzel werden heutzutage meist getrocknet und dann zu Pellets gepresst, die dann für die Tierfütterung genutzt werden können. Bei der Zuckerproduktion aus Rüben fallen so kaum Abfälle an.

Der Rohsaft hat jedoch erst einen Zuckergehalt von rund 15 Prozent, er enthält außerdem noch allerlei unerwünschte Stoffe, die zunächst entfernt werden müssen. Auch das geschieht mithilfe einer natürlichen Reaktion: Dem Rohsaft wird ein Kalk-Milch-Gemisch oder auch Kalk und Kohlensäuregas beigemengt, die sicherstellen, dass sich Verunreinigungen binden und abgefiltert werden können. Auch hier entsteht kein Abfall, denn die Rückstände aus der Filtration werden von Landwirten für die Verbesserung der Bodenqualität genutzt. Dann geht es, wie bei der Rohrzuckerproduktion, ans Kochen: Der Saft wird erhitzt, bis genug Wasser verdampft ist, damit die nun „Dicksaft" genannte Flüssigkeit den richtigen Zuckeranteil von rund 80 Prozent hat. Auch das hier entweichende Wasser wird nicht verschwendet – in modernen Zuckerfabriken wird es aufgefangen und wieder an den Beginn des Produktionsprozesses geleitet, wo es für das Waschen der Rüben genutzt wird.

Dann wird der Dicksaft erneut eingekocht und mit einer geringen Menge an Zuckerkristallen vermischt, die die Kristallisation der Masse anregen. In einer Zentrifuge sorgen zum Abschluss schnelle Umdrehungen dafür, dass alle nicht kristallinen Bestandteile der Flüssigkeit nach außen geschleudert werden – übrig bleibt etwa die Hälfte der Masse in Form reiner, weißer Zuckerkristalle. Diese müssen nun nur noch getrocknet und verpackt werden, dann sind sie bereit für die Weiterverwendung und -verarbeitung in Industrie und Haushalt – und in den Konditoreien und Zuckerbäckereien dieser Welt.

Wie der Zucker

die Welt eroberte

Die Wiege des Zuckers
dürfte in Neuguinea
oder Indien liegen.
Letzteres ist bis
heute eine wichtige
Exportnation.

Wer genau es war, der als erster Mensch erkannte, dass sich in den Halmen des mannshohen Grasgewächses, das wir heute als Zuckerrohr kennen, eine köstliche Flüssigkeit versteckt, bleibt ein Geheimnis der Geschichte. Doch weil wir wissen, wie und wo die Pflanze am besten wächst, lässt sich zumindest der ungefähre Ort dieses schicksalsträchtigen Fundes eingrenzen. Während manche Quellen von Indien sprechen, sind andere Wissenschaftler davon überzeugt, dass die Wiege des Zuckers in Neuguinea liegt und es die Bewohner der zweitgrößten Insel der Welt waren, die damit begannen, das Zuckerrohr als Kulturpflanze anzubauen – bereits vor bis zu 10 000 Jahren. Von dort soll es etwa 2000 Jahre später auch nach Indonesien, Persien und Indien gelangt sein, belastbare wissenschaftliche Nachweise gibt es für die genaue Route allerdings nicht. Fest steht aber, dass die Pflanze irgendwann in Indien angekommen war und das Land für die Entwicklung der Weiterverarbeitung in den Jahrtausenden vor Christus eine zentrale Rolle spielte. Bis heute ist es eines der größten und wichtigsten Anbaugebiete von Zuckerrohr.

DIE ENTDECKUNG DER SÜSSE

Schon die genaue Betrachtung des Wortes „Zucker" beweist, dass Indien eine maßgebliche Rolle in der Kultivierung des Zuckerrohrs spielte. Zucker dürfte vom Sanskrit-Wort *śarkarā* für „Sand" oder „Kies" abstammen, in früherer Zeit zeigte sich diese etymologische Verwandtschaft noch deutlicher, da bezeichnete man das süße weiße Granulat auch als „Sandzucker". Auch in einer der ältesten Sprachgrammatiken der Welt aus der Zeit um 400 vor Christus, die ebenfalls in Sanskrit verfasst ist, ist von Zucker als Bestandteil bestimmter Speisen wie Reis- oder Gerstenbrei die Rede. Ein anderer schriftlicher Beleg steht mit einem großen historischen Namen in Verbindung: Nachdem Alexander der Große das Perserreich erobert hatte, machte er sich weiter nach Osten auf. Sein Feldherr Nearchus beschrieb im Rahmen seiner Berichte des Indienfeldzugs um 326 vor Christus ein dort wachsendes „Schilfrohr", in dessen Inneren sich – für den Krieger bemerkenswert genug, um es zu notieren – „ohne die Mithilfe von Bienen" ein Honig befände, aus dem sich ohne die Zuhilfenahme von Früchten ein berauschendes Getränk herstellen ließe. Wenige Jahrhunderte später beschrieb der römische Arzt Dioskurides, der heute als einer der bekanntesten Ärzte der Antike und als Mitbegründer der Pharmakologie gilt, den Zucker dann erstaunlich präzise als kompakten Honig mit salzähnlicher Konsistenz, der *saccharon* genannt und aus dem Rohr einer indi-

schen Pflanze erzeugt werde. In Wasser aufgelöst, helfe das mysteriöse Mittel bei Schmerzen in den Nieren und Problemen mit dem Magen.

Bis die Herstellung von Zucker aus Zuckerrohr zum ersten Mal schriftlich festgehalten wurde, dauerte es weitere Jahrhunderte. In einer religiösen Hindu-Schrift aus dem Jahr 500 nach Christus, die sich eigentlich mit Moral und dem Bewusstsein beschäftigt, findet sich eine Beschreibung der Herstellung von Melasse, also jenes zähflüssigen Saftes, der im Rahmen der Zuckerproduktion eigentlich als Nebenprodukt anfällt. In der *Buddhagosa* wird zudem beschrieben, wie die Melasse durch Rollen in Klumpen geteilt wurde – die karamellartigen Brocken, die so entstanden sein müssen, haben zwar noch nicht viel mit dem gemein, was man heute als Zucker kennt, wurden aber bereits als Gewürz, Heil- und Genussmittel verwendet. In erster Linie waren sie Adeligen vorbehalten, so erzählen die Aufzeichnungen des byzantinischen Kaisers Herakleos, der im 7. Jahrhundert nach Christus das Gebiet rund um das heutige Bagdad eroberte, von Zucker als indischem Luxusgut, das sich am Hof des persischen Königs großer Beliebtheit erfreute. Auch die niedrigeren sozialen Schichten machten sich Zuckerrohr zunutze: Von polynesischen Seefahrern wird berichtet, dass sie mit Vorliebe an den klein geschnittenen Stängeln kauten.

Schon kurze Zeit, nachdem der Zucker in Europa bekannt wurde, errichtete man gewaltige Lagerhallen, um den steigenden Bedarf zu decken.

Von Indien aus gelangte der Zucker also in den arabischen Raum, dessen umtriebige Seefahrer für seine weitere Verbreitung sorgten: Im Zuge der arabischen Expansion, also der stetigen Eroberung von Teilen Nordafrikas und Südeuropas durch die Araber im 7. und 8. Jahrhundert, bewegte sich auch der Zucker weiter. Denn die damalige arabische Weltmacht brachte auf ihren Eroberungen nicht nur umfangreiches Wissen in Bereichen der Landwirtschaft, Lebensmittelverarbeitung und -konservierung mit, sondern auch das Zuckerrohr. Der Handel entlang der Seidenstraße florierte, einer der wichtigsten Knotenpunkte dabei war Venedig. Die italienische Hafenstadt dürfte so der erste Ort auf europäischem Boden gewesen sein, von dem aus Zucker sich schließlich über Teile Südeuropas verbreitete.

Damit war im 10. Jahrhundert das Zuckerrohr auch in Nordafrika und Europa angekommen, vor allem die Mittelmeerinseln Sizilien, Zypern und Malta wurden aufgrund ihres für den Anbau geeigneten Klimas bald zu wichtigen Gebieten für die Rohrzuckerproduktion. Im Rahmen der Kreuzzüge fielen diese dann vielfach zum ersten Mal in europäische Hände und der Zucker gewann langsam auch außerhalb des arabischen Raumes an Bekanntheit – allerdings wiederum nur in der wohlhabenden Bevölkerungsschicht. Denn die europäischen Märkte kannten Zucker als teures und seltenes Luxusprodukt, das in adeligen Häusern geschätzt wurde, im weniger wohlhabenden Teil der Bevölkerung aber genauso unerschwinglich wie exotisch war. Eine Handelsrechnung aus dem Jahr 1226 belegt etwa, dass der englische König Heinrich III. drei Pfund Zucker bestellt hatte – eine damals riesige Menge. Das wertvolle Erzeugnis wurde denn auch nicht als Süßungsmittel, sondern als kostbares Gewürz genutzt. Der rasch steigende Absatz zeigt sich in zwei weiteren Rechnungen, die nur wenige Jahrzehnte später ausgestellt wurden: Schon 1256 kaufte die Gräfin von Leicester 55 Pfund Zucker für die Verwendung bei Hofe, und im Jahr 1285 meldete Edward I. einen Bedarf von 2900 Pfund Zucker an. In etwas mehr als einem halben Jahrhundert war der Zucker also vom seltenen Würz- zu einem bei Hofe allgegenwärtigen Lebensmittel geworden. Geliefert wurde er immer in derselben Form – bei der Zuckerherstellung wurde die heiße Zuckerlösung zum Auskristallisieren in zylindrische Gefäße mit einem Loch in der Spitze gefüllt. Der so entstandene Zuckerhut war robust und Feuchtigkeit konnte ihm nichts anhaben. Erst Jahrhunderte später wurde er von Würfelzucker und schließlich auch streufähigem Zucker verdrängt.

KANARIEN- UND KOLONIALZUCKER

Im Europa zur Zeit des späten Mittelalters waren neben einigen griechischen Inseln vor allem Madeira und die Kanarischen Inseln zentrale Anbauorte von Zuckerrohr – als „Kanarienzucker" bezeichnete man damals Zucker von besonders hoher Qualität. Und dieser war es auch, der sich schließlich auf den Weg über den Atlantik machte: Als Kolumbus 1493 seine zweite große Reise antrat, gehörten zur Ladung seines Schiffes auch Zucker sowie Zuckerrohrpflanzen aus Madeira. In Südamerika fand man ideale Wachstumsbedingungen vor, nur wenige Jahrzehnte später kam der Großteil des auf europäischen Märkten verkauften Zuckers bereits aus Brasilien. In der Forschung gilt das 16. Jahrhundert deshalb als „Jahrhundert des brasilianischen Zuckers", wenig später wurde Zuckerrohr auch in weiteren latein- und südamerikanischen Ländern wie Mexiko und Paraguay angebaut.

Weil die frühe Geschichte der Verbreitung des Zuckers in weiten Teilen eine der Kolonialisierung der Welt ist, hat sie auch eine überaus dunkle Seite, die für die rasend schnelle Verbreitung und das immense Wachstum der Zuckerindustrie von entscheidender Bedeutung war: Die Zuckerproduktion war immer Plantagenbetrieb und dieser wurde mit gewaltiger Sklavenwirtschaft bewerkstelligt. Egal, wo die Seefahrernationen – zuerst Spanien und Portugal, wenig später allen voran England – hinkamen und das Zuckerrohr mitbrachten, wurde die indigene Bevölkerung sogleich zur Arbeit auf den Plantagen und in den Sudhäusern gezwungen. Es war dem hohen Handelswert des Zuckers und den aufwendigen Verarbeitungsbedingungen von Zuckerrohr geschuldet, dass die Arbeit damit eine besonders schwere und deshalb auch gefährliche und gewaltsame war: Zuckerrohr muss nach der Ernte umge-

Mit der Entdeckung der Zuckerrübe konnte auch in Mitteleuropa produziert werden. In Tulln lieferten Bauern ihre Rüben direkt vor die Tore der Fabriken.

hend weiterverarbeitet werden, denn durch den hohen Zuckergehalt fängt der Saft im Inneren der Pflanze bei warmen Temperaturen sofort an zu gären. Die Sudhäuser mit ihren riesigen befeuerten Kupferkesseln und den Walzenmühlen befanden sich deshalb in direkter Nachbarschaft der Plantagen und mussten rund um die Uhr betrieben werden, in Berichten der damaligen Zeit ist von verheerenden Bedingungen für die Arbeiter zu lesen. Auch entwickelte sich im 17. Jahrhundert durch den blühenden Handel mit Zucker eine Art Handelsdreieck: Im Herbst segelten europäische Schiffe mit wertvoller Fracht nach Westafrika, dort wurde mit arabischen Sklavenhändlern getauscht und die so „gekauften" Arbeiter wurden über den Atlantik in die neue Welt und die Karibik verschifft, wo sie zur Arbeit auf den Plantagen gezwungen wurden.

England war dabei der Hauptakteur und übernahm schließlich auch von Spanien das Zuckermonopol, führte es doch die meisten Kriege und eroberte die meisten Kolonien. Auch besaßen die Briten bald das effizienteste Plantagensystem, in dem auch andere wertvolle Rohstoffe aus Übersee wie Kaffee, Kakao und diverse Gewürze produziert und gehandelt wurden. Das wichtigste Produkt war jedoch bald der Zucker – mit Barbados und Jamaika hatte man ertragreiche Quellen erschlossen und die Technik der Zuckerproduktion von den Holländern gelernt. Doch hergestellt wurde Zucker bald nicht nur in den Kolonien, auch in der Nähe europäischer Hafenstädte wurden Zuckermühlen errichtet, wenngleich der lange Transport des Zuckerrohrs bewirkte, dass die Qualität des in Europa raffinierten Zuckers nicht mit jenem aus den Kolonien mithalten konnte.

DIE HABSBURGERMONARCHIE MISCHT MIT

Im frühen 18. Jahrhundert hatte der Zucker fünf primäre Einsatzgebiete: Viele Speisen enthielten nicht unbeträchtliche Mengen Zucker, einerseits, weil er weiterhin als exotisches und wertvolles Gewürz galt, andererseits versuchte man damit vielfach, den Geschmack bereits verdorbener Lebensmittel zu überdecken. Auch das Handwerk der Zuckerbäcker war auf dem Vormarsch, diese stellten aus Zucker essbare Verzierungen her und überboten sich gegenseitig in deren Größe und Komplexität. Für Bankette und Feierlichkeiten ließ man deshalb in adeligen und wohlhabenden Kreisen nicht selten ganze Gebäude aus Zuckerguss bauen. Diese Technik war jedoch bei Weitem nicht neu: Schon Jahrhunderte zuvor waren in den arabischen Ursprungsländern des Zuckers kunstvolle Gebilde daraus gebaut worden. Eine überlieferte Aufzeichnung aus dem Jahr 1040 hält etwa fest, dass der Sultan von Ägypten Tausende Kilogramm Zucker für den Tafelaufbau und die Dekoration bestellt hatte.

Doch nicht nur in der Lebens- und Genussmittelherstellung war der Zucker beliebt – auch die Apotheker hatten ihn inzwischen für sich entdeckt, wieder nutzte man hierbei das umfassende Wissen aus dem arabischen Raum als Vorbild. Dort gab es längst ausführliche medizinische Schriften, die dem Zucker allerlei heilende Wirkungen nachsagten. Vor allem bei Krankheiten der Atemwege wurde er eingesetzt, in ähnlicher Weise, wie heute Honig für medizinische Zwecke verwendet wird – er galt als wohltuend bei Katarrh oder Husten. Auch unangenehm schmeckende Arzneien wurden mit Zucker versetzt, um ihre Einnahme erträglicher zu machen. Herausgefunden hatte man inzwischen außerdem die konservierende Wirkung von Zucker, schon im Zuge der ausgedehnten Seefahrten des 13. bis 15. Jahrhunderts waren exotische Früchte mit Zucker versetzt oder eingelegt und so haltbar gemacht worden.

Der Zucker war also mehr und mehr in aller Munde, als eine bahnbrechende Entdeckung im 18. Jahrhundert die Zuckerindustrie für immer verändern sollte. Der Berliner Apotheker und Chemiker Andreas Sigismund Marggraf forschte in den 40er-Jahren an einer Methode, den Zuckergehalt heimischer, leicht süß schmeckender Pflanzen zu untersuchen. 1747 präsentierte er der Berliner Akademie der Wissenschaften einen fast unglaublichen Fund: In der gemeinen Runkelrübe, einer bekannten und überall in Mitteleuropa verbreiteten Feldfrucht, stellte Marggraf fest, befand sich beinahe dieselbe Menge desselben Zuckers wie im tropischen Zuckerrohr. Wie man den Zucker aus den Rüben extra-

hieren und raffinieren konnte, wusste Marggraf jedoch noch nicht, und es dauerte weitere Jahrzehnte, bis sich einer seiner Schüler und ein überaus kreativer Forscher des Problems annahm. Franz Carl Achard war Naturwissenschaftler und hatte bereits eine Reihe wegweisender Entdeckungen in den Bereichen Physik, Chemie und Biologie gemacht, als er sich in den 1780er-Jahren mit Marggrafs Forschungsergebnissen in der Hinterhand der Zuckerforschung widmete. Achard beschäftigte sich dabei auch mit verschiedensten Obst- und Gemüsesorten, kam aber schließlich wieder auf die Runkelrübe zurück. Er widmete sich dabei einerseits den Möglichkeiten zur Extraktion des Zuckers aus dem kleinen Gewächs, andererseits galt seine Forschung den Methoden zur gezielten Steigerung des Zuckergehaltes im Inneren der Pflanze. Im Jahr 1799 schien er nach jahrelangen Versuchen endlich fündig geworden zu sein und ein Brief mit der Bitte um finanzielle Unterstützung zum Bau einer Rübenzuckerfabrik erreichte König Friedrich Wilhelm III. Achard war dabei nicht nur bestrebt, den Zucker effizienter und damit auch billiger produzieren zu können, er galt vor allem als entschiedener Gegner der Sklaverei und wollte deshalb nach einer alternativen Möglichkeit zur Zuckergewinnung in den Kolonien mit ihrer gewaltigen Sklavenwirtschaft suchen.

1802 errichtete Achard – mithilfe des gewährten königlichen Darlehens – die erste Rübenzuckerfabrik der Welt in Schlesien, doch das Glück währte nicht lange: Die Fabrik brannte nur wenige Jahre später bis auf die Grundmauern nieder und Achard stand vor dem Nichts. Wieder wandte er sich mit einem Gesuch an den König. Dieser erklärte sich bereit, die Hypothek zu löschen – unter einer Bedingung: Achard wurde zur Gründung einer Lehranstalt verpflichtet, in der Interessierte das Handwerk der Zuckergewinnung aus Zuckerrüben lernen konnten. Dass in den folgenden Jahrzehnten mehr und mehr Rübenzuckerfabriken auf europäischem Boden entstanden, hatte jedoch auch einen politischen Grund. Im Jahr 1806 erzwang Napoleons Kontinentalsperre eine zwar kurzfristige, aber weitreichende Veränderung in der Zuckerindustrie: Die Einfuhr von Zucker aus den vorrangig englischen Kolonien wurde verboten. Der Aufschwung der Zuckerproduktion auf europäischem Boden währte jedoch nur kurz – schon 1813 wurde das Handelsembargo wieder aufgehoben und damit kehrte der Kolonialzucker zurück. Die Rübenzuckerfabriken schlossen nach und nach ihre Tore, war doch ihr Produktionsverfahren aufwendiger, teurer und die Qualität des Endproduktes vielfach nicht mit jener aus den erfahrenen südamerikanischen und indischen Fabriken zu vergleichen.

Mitte des 19. Jahrhunderts entstanden zahlreiche Zuckerfabriken auf dem Gebiet der Habsburgermonarchie. Eine davon war die bis ins Jahr 2006 betriebene Zuckerfabrik Hohenau.

Doch die Entwicklung ließ sich nicht mehr aufhalten: Kaiser Franz Joseph erließ eine Steuerbefreiung auf Rübenzucker und löste so einen neuerlichen Aufschwung aus. Im Jahr 1832 zählte die Habsburgermonarchie 18 Rübenzuckerfabriken, knapp zehn Jahre später waren es bereits über 80. Hinzu kamen schnelle Fortschritte in der Produktion, die Herstellungsbedingungen, -aufwand und nicht zuletzt das Endprodukt entschieden verbesserten – die Industrialisierung war auch in den Zuckerfabriken angekommen. Nunmehr wurden die Rüben mechanisch klein geschnitten und mittels hydraulischer Pressen entsaftet, wenige Jahrzehnte später wurde der erste Dampfpflug überhaupt auf einem Rübenzuckerfeld eingesetzt.

Heute kennt man Zucker in vielfacher Form: Brauner Zucker verdankt seine Farbe der Melasse, die bei der weißen Variante im Zuge der Herstellung entfernt wird.

EINE NEUE ZEIT

Im Jahr 1862 wurde, auch befeuert durch die nach wie vor geltenden Steuervorteile für europäischen Zucker, die letzte Raffinerie für Kolonialzucker des Habsburgerreiches in Wiener Neustadt geschlossen. Gleichzeitig sorgten weitere finanzielle Unterstützungen dafür, dass mehr und mehr Großgrundbesitzer ihre landwirtschaftlichen Flächen auf Rübenanbau umstellen ließen. Und schließlich war es wieder eine Erfindung, die für einen weiteren Anstieg von Zuckerertrag und damit auch -absatz verantwortlich war. Der österreichische Industrielle Julius Robert entdeckte, dass die Zuckerextraktion aus Rüben statt durch Pressen wie beim Zuckerrohr besser durch Diffusion erfolgt. Der so produzierte Zucker wurde rasch nicht nur innerhalb des Habsburgerreiches verkauft und gegessen, sondern auch exportiert – bald war der Zucker neben Holz und Getreide das wichtigste Handelsprodukt der Monarchie. Damit wurde der Zucker auch zunehmend von seinem „noblen" Image befreit und der Pro-Kopf-Konsum stieg, allerdings nicht ohne auffallende Unterschiede zwischen Stadt- und Landbevölkerung: Im Jahr 1860 wurden in Wien über 12 Kilogramm pro Person und Jahr verspeist, im Rest Niederösterreichs dagegen nur rund ein Siebtel dieser Menge. Bis zum Ersten Weltkrieg, der auch für die Zuckerindustrie eine jähe Zäsur darstellte, stieg der Konsum weiter auf rund 20 Kilo pro Kopf und Jahr. In den ländlichen Gebieten machte statt des Zuckers eine andere Erfindung von sich reden – Saccharin galt ab dem späten 19. Jahrhundert als „Zucker der armen Leute". Dieser Ersatzstoff und sein Einsatz trieben mitunter ganz erstaunliche Blüten: Zur Jahrhundertwende wurde ein Verein gegründet, in welchem Dienstboten sich zusammenschlossen und dessen oberste Regel es war, in keinem Haushalt, der statt Zucker Saccharin verspeiste, Anstellung zu nehmen.

Heute hat der Rübenzucker den Rohrzucker in Europa längst verdrängt – mehr als drei Viertel des verbrauchten Zuckers stammen aus Rüben, jeder Österreicher konsumiert jährlich rund 30 Kilogramm davon und liegt damit im EU-Durchschnitt. Global sieht die Verteilung anders aus: Von den weltweit rund 180 Millionen Tonnen Zucker stammen drei Viertel aus Zuckerrohr. Was den Konsum betrifft, gehen die Angaben weit auseinander – am süßesten mögen es aber unter anderem die Südamerikaner.

Über den guten Geschmack

Warum uns Zuckerl schmecken

Es gibt Nahrungsmittel, die sind gut für den Körper. Und dann gibt es solche, die gut für die Seele sind. Obwohl Zucker für das Funktionieren des menschlichen Körpers und ganz besonders des Gehirns von entscheidender Wichtigkeit ist, gehören Süßigkeiten, zumal im Übermaß, nicht unbedingt zur ersten Kategorie der Gesundheitsförderer. Dafür führen sie aber mit wehenden Fahnen die zweite Gruppe an: Denn in Maßen macht Süßes, da sind sich wohl die meisten Menschen einig, glücklich. Dass das beileibe keine Einbildung ist, ist längst wissenschaftlich belegt und hat nicht nur mit der chemischen Beschaffenheit von Zucker zu tun, sondern auch mit Anthropologie und Psychologie. Denn die Vorliebe für Süßes ist den Menschen seit Urzeiten eingeschrieben und geht zurück zu ihren Anfängen und der Entdeckung dessen, was genießbar ist und das eigene Überleben gewährleistet. Wenn ein Zuckerl im Mund zergeht, spielen sich in Körper und Gehirn erstaunliche Dinge ab, die auch viel damit zu tun haben, wer wir sind und woher wir kommen.

Früher lernte man im schulischen Biologieunterricht: Die Zunge ist in Areale eingeteilt, auf der die vier Geschmäcke süß, sauer, salzig und bitter registriert werden. Auf der Zungenspitze sei der süße Geschmack zu Hause, an den Seiten der saure und salzige und ganz hinten nähmen wir bittere Aromen wahr. Inzwischen weiß man, dass der Komplexität des menschlichen Körpers damit keine Rechnung getragen wird und diese Einteilung auf einen Übersetzungsfehler zurückgeht – die Geschmackszonen existieren nicht. Tatsächlich befinden sich überall auf der menschlichen Zunge verteilt Tausende Geschmacksknospen, deren Dichte ist lediglich am Rand ein wenig höher als in der Mitte. Sie sind für die erste Wahrnehmung des Grundgeschmacks verantwortlich, neben den vier genannten gehört dazu inzwischen auch umami, was als fleischig-herzhafter Geschmack definiert wird. Doch beim Schmecken spielt die Zunge nur eine Nebenrolle, denn das tatsächliche Erkennen von Aromen passiert erst dank der Geruchsrezeptoren in der Nasenhöhle, die die Informationen ins Gehirn weiterleiten. Das macht sich vor allem bemerk-

Dass Kinder Süßes lieben, ist (auch) evolutionär bedingt. Im Wiener Wurstelprater wurden sie schon im Jahr 1905 gut versorgt.

bar, wenn die Nase verstopft ist, denn dann leidet auch der Geschmackssinn. Das olfaktorische System in der Nase sorgt also erst für die Nuancen. Wenn wir schmecken, sind aber auch andere Sinneseindrücke gefragt: Essen wir etwa ein Schokoladeneis, kommt eine Reihe von Informationen im Gehirn an, die für das Erkennen und Erschmecken entscheidend sind. Zunächst liefert die Zunge die Information, dass es sich um etwas Süßes handelt, in der Mundhöhle wird gleichzeitig die Konsistenz erspürt: Was wir da essen, ist also süß, außerdem cremig und kalt. Erst die Nase liefert dann die Unterscheidung, dass es sich nicht um Haselnuss- oder Vanille-, sondern um Schokoladengeschmack handelt. Beim Essen eines Zuckerls passiert dasselbe: Über die Zunge gelangt die Information ins Gehirn, dass sich etwas Süßes, Festes, Glattes im Mund befindet, ob es sich nun um ein Pfefferminz- oder ein Erdbeerbonbon handelt, verrät aber erst unsere Nase.

Welcher Geschmack von Menschen als angenehm empfunden wird, hängt von unterschiedlichen Faktoren ab. Gesundheit, kulturelle Gewohnheiten und Sozialisation sind dabei ebenso entscheidend wie die Genetik. Denn darin ist, evolutionär bedingt, wichtiges Wissen abgespeichert. Im Fall süßen Geschmacks weiß das Gehirn seit Jahrtausenden: Der kohlenhydratreiche Zucker liefert überlebenswichtige Energie, wir brauchen ihn, um aufmerksam zu sein, uns vor Feinden schützen und verteidigen und unsere Muskeln bewegen zu können. Gelernt hat der Körper außerdem, dass Pflanzen uns die Genießbarkeit ihrer Früchte durch süßen Geschmack verraten, wogegen bittere oder saure Aromen anzeigen, dass es sich um ungenießbare oder mindestens unreife Nahrung handelt, die eine Gefahr für die Gesundheit und damit wiederum unser Überleben darstellen könnte.

Dass süßer Geschmack die bedenkenlose Genießbarkeit von Nahrung anzeigt, lernen wir schon vor der Geburt: Im Bauch trinken Embryos Fruchtwasser – dessen Geschmack ist zwar abhängig von den Ernährungsgewohnheiten der Mutter, aber immer leicht süßlich. Das gilt auch für die Muttermilch, Babys lehnen auch deshalb saure und bittere Geschmäcke instinktiv ab. Süße zeigt uns also schon in der frühesten Lebensphase, dass etwas unproblematisch konsumierbar und gut für uns ist.

Auch dass es für viele nicht süß genug sein kann, ist dem Menschen gewissermaßen eingeschrieben: Studien haben gezeigt, dass der Großteil der Probanden die einzelnen Geschmäcke ab einer bestimmten Intensität als unangenehm empfindet – zu salzig, zu sauer, zu bitter wird irgendwann als ungenießbar bewertet. Süß bildete bei diesen Untersuchungen die Ausnahme: Zwar kann etwas zu süß sein, wurde aber in Versuchen auch dann noch als prinzipiell wohlschmeckend beschrieben.

Die menschliche Vorliebe für Süßes zeigt sich auch im Alltag und in der Sozialisation: Besonders im mitteleuropäischen Kulturkreis, aber nicht nur dort, sind festliche Anlässe heute fast automatisch mit Süßwaren verbunden, vom Geburtstagskuchen über die Hochzeitstorte bis zum Weihnachtskeks. Diese Rituale haben ihren Ursprung auch in der geschichtlichen Entwicklung des Zuckerkonsums. Über Jahrhunderte war Zucker den oberen Gesellschaftsschichten vorbehalten, sein Vorhandensein auf dem Speiseplan war ein Indikator für Reichtum. In den weniger wohlhabenden Schichten kam Zucker deshalb zunächst, wenn überhaupt, nur zu besonderen Anlässen auf den Tisch. Aus geschichtlicher Sicht zeigt der Genuss von Süßem also Wohlstand an. Das Gehirn hat so im Lauf der Zeit eine ganz bestimmte Assoziationskette aufgebaut: Der Genuss von Süßigkeiten hängt mit positiven Erlebnissen zusammen. Das hat sich auch in der Sprache niedergeschlagen. Das Adjektiv „süß" und eng damit verknüpfte Begriffe sind in verschiedensten Sprachen positiv besetzt und markieren in Redewendungen und Stehsätzen eine positive Bedeutung. Ob man sich nun gegenseitig „süß findet" oder „den Tag versüßt", das *Dolce Vita* genießt oder in den *Honeymoon* aufbricht: Wo etwas süß ist, ist es gut.

Die Geburts-stunde

der Zuckerbäcker

Wenn man heute von Zuckerbäckern spricht, meint man damit vor allem Konditoren oder Patissiers, also ganz grundsätzlich Personen, die Süßwaren herstellen. Doch dass der Zucker vor allem in Gebäck, Kuchen, Torten, Schokolade und allen Mischformen davon eine Rolle spielt, ist eine verhältnismäßig junge Entwicklung. Noch im frühen Mittelalter waren jene, die sich Zucker leisten konnten, scheinbar so angetan von dem seltenen exotischen Gewürz, dass er über beinahe jedes Gericht gestreut wurde. Süßspeisen, wie sie heute üblich sind, kannte man damals noch nicht, der Geschmack von Fleisch- und Gemüsegerichten bei Hofe muss also für heutige Gaumen äußerst gewöhnungsbedürftig gewesen sein. Erhältlich war Zucker in Europa zunächst hauptsächlich an einem ungewöhnlichen Ort, von wo er schließlich auch für einen neuen Berufsstand sorgte: in Apotheken.

Apotheker waren bis über das Mittelalter hinaus die einzigen, die nicht nur Medizin herstellten, sondern auch mit wertvollen Gewürzen und exotischen Zutaten Handel trieben. Als der Zucker in Europa bekannter wurde, dürften sie rasch gemerkt haben, dass das neuartige weiße Granulat nicht nur sehr beliebt war, sondern vor allem hervorragend dazu taugte, Arzneien besser schmecken zu lassen. So wälzte man fortan feste medizinische Produkte in Zucker – die Geburtsstunde dessen, was wir heute als Hustenzuckerl kennen. Doch auch der Zucker selbst galt als gesundheitsfördernd, in mehreren Schriften Heilkundiger aus dem Mittelalter ist von seiner wohltuenden Wirkung für Hals und Lunge, aber auch für Magen und Herz die Rede. Neben der Nutzung als Heilmittel wurde in den Apotheken gleichzeitig mit anderen Verwendungszwecken von Zucker experimentiert, unter anderem mit dem ebenfalls aus dem arabischen Raum übernommenen Wissen über die Konservierung. Dass sich exotische Früchte in Zucker eingelegt wesentlich länger hielten, hatten sich bereits die Seefahrer zunutze gemacht, das Kandieren gehörte deshalb zu den frühesten Anwendungsformen des Zuckers. In Europa übernahm man die Technik – und auch den Begriff „kandieren" – etwa ab dem 13. Jahrhundert und entwickelte sie in den Apotheken weiter, daraus gingen schließlich das Einkochen und Gelieren hervor.

Auch das Zuckerl selbst hat seinen Ursprung übrigens im arabischen Raum: Bereits im 7. Jahrhundert

„Mein Gott, du hast dem sauren Leben/ die höchste Süßigkeit gegeben“ – ein historisches Loblied auf die Zunft der Zuckerbäcker.

Zuckerschere und -spachtel zählen seit Jahrhunderten und bis heute zu den wichtigsten Werkzeugen der Zuckerbäcker.

kannte man dort *Fanid Chsai*: kleine Leckereien aus einer Mischung aus Zucker und Fruchtsaft. Die Herkunft dieser Mixtur erkennt man noch heute am Wort „Sirup“, das vom arabischen Wort *šārab* für „Trank“ stammt.

So entwickelte sich ab dem frühen Mittelalter langsam ein neuer Berufszweig aus den Apothekern, die nunmehr auch Konfekterzeuger waren und „Confectionari“ genannt wurden. Als *confectio* bezeichnete man zunächst eine gesüßte Arznei – vor der Entdeckung des Zuckers hatte man dazu mit Vorliebe Honig genutzt, doch Zucker galt bald als das viel wertvollere und auch funktionalere Produkt. Schnell erkannten die Confectionari in Genussmitteln aus Zucker einen neuen Geschäftszweig und die Heilkraft der so erzeugten Produkte trat in den Hintergrund. So gab es in den Apotheken, und ausschließlich dort, neben Medizin schließlich auch wohlschmeckende Süßwaren ohne heilende Wirkung zu kaufen. Immer wieder wird in den folgenden Jahrzehnten von Versuchen der Lebensmittelhändler und Krämer berichtet, das Recht zu erwirken, ebenfalls Zucker und Zuckerwaren verkaufen zu dürfen, genauso oft wurden sie aber zunächst abgewiesen. Noch Mitte des 15. Jahrhunderts erging im heutigen Österreich eine Ordnung des Herzogs, dass Konfekt ausschließlich von Apothekern erzeugt und verkauft werden durfte. Doch auch dieses Monopol begann irgendwann zu wackeln und die beiden Berufszweige von Apotheker und Confectionari entwickelten sich unabhängig voneinander weiter. Damit war eine neue, eigenständige Zunft geboren. *Confectmacher* nannte man sie, auch *Zuggerbacher* oder *Zuckher-Pacher*, die alten Schreibweisen sind vielfältig, bezeichnen aber dasselbe Handwerk der Herstellung kleiner Köstlichkeiten aus Zucker. Schokolade war zu diesem Zeitpunkt nach wie vor unbekannt, erst Christoph Kolumbus brachte sie im Zuge seiner zweiten Reise im Jahr 1493 von Südamerika mit nach Europa. Auch Süßspeisen gab es in den heute geläufigen Formen nach wie vor nicht – Torten waren zur damaligen Zeit, ähnlich der englischen *Pies*, pikante Pasteten mit Fleisch-, Innereien- oder Gemüsefüllung. Lediglich die Lebküchner hatten bereits entdeckt, dass ihr Brot sich durch die Beigabe von Gewürzen, Früchten und Honig noch besser verkaufte, ihr Beruf ist also noch älter als der der Zuckerbäcker.

ÖSTERREICH IM ZUCKERLFIEBER

Bei Banketten und Festen in wohlhabenden Kreisen, ganz besonders in den Königs- und Herrscherhäusern, ging es zu jener Zeit opulent zu – das galt nicht nur für die feinen Herrschaften, die sich in aufwendige Gewänder hüllten, sondern auch für das, was serviert wurde. Üppige Tischdekorationen aus Zuckerguss gehörten bald zum guten Ton und man versuchte, sich gegenseitig zu übertreffen. Es ist anzunehmen, dass der Ursprung der Zuckerbäckerei in Österreich dem Bestreben des Kaisers nach angemessener Dekoration geschuldet ist: Im Jahr 1522 ließ Kaiser Ferdinand I. einen Zuckermacher aus den Niederlanden zu sich bestellen und die erste Hofzuckerbäckerei errichten. Auch süße Kuchen und Torten waren von nun an Teil des Speiseplans des Adels und erregten bei Festen Aufsehen – versehen mit kunstvollen Verzierungen aus Zucker oder Marzipan, das seinen Weg ebenfalls vom arabischen Raum nach Europa gefunden hatte und zunächst von den Apothekern hergestellt und verkauft wurde. Die Kaiserhäuser waren damals in vielen Belangen eine Art Richtschnur des guten Geschmacks – was bei Hofe beliebt war, war schnell auch im Volk begehrt. So tat man es dem Kaiser auch kulinarisch nach, und schon wenige Jahre später wurden Zuckerbäcker in Wien zu einem geschlossenen Berufsstand erklärt. Fortan durfte sich also nicht jeder so nennen, man musste erst eine Ausbildung durchlaufen.

Der Name der Zuckerl dürfte ungefähr auf dieselbe Zeit zurückgehen, zumindest der auch außerhalb der österreichischen Grenzen bekannte: König Henri IV. von Frankreich soll bei einem großen Fest bei Hofe kleine Leckereien aus Zucker an seine Gäste verteilt haben, die – so die Legende – bei deren Genuss begeistert „Bon! Bon!" ausgerufen haben sollen.

Zwar dauerte es noch einige Zeit, bis Zuckerwaren endgültig auch in den weniger wohlhabenden Schichten angekommen waren, wo immer es aber um Prestige und das Vorzeigen des eigenen Geschmacks und Wohlstandes ging, waren sie bald sehr gefragt. So stammt einer der ersten erhaltenen urkundlichen Belege für das Handwerk der Zuckerbäcker in Wien aus dem Jahr 1555 aus unerwarteter Quelle: Eine Kammeramtsrechnung für eine Richtersitzung weist die Bewirtung der Teilnehmer mit Torten, Zuckerbackwerk und kandierten Früchten aus – wörtlich: *vmb allerley obs tortten vnd den tisch.*

Schon ein halbes Jahrhundert später breiteten sich Erzeugnisse aus Zucker dann zunehmend auch unter dem bürgerlichen Volk aus – am Wiener Graben, der schon damals Umschlagplatz für allerlei Waren war, fanden sich vor allem um Weihnachten und den Jahreswechsel nachweislich Marktstände, die ihre selbst erzeugten Süßwaren feilboten. Leisten konnten sich die süßen Leckereien jedoch nach wie vor nur betuchte Bürger. In der Zwischenzeit hatte auch die Schokolade Europa erreicht und gewann an Beliebtheit, deren Verarbeitung blieb aber, anders als die des Zuckers, ab dem mittleren 17. Jahrhundert für viele Jahrzehnte einer ganz bestimmten Gruppe vorbehalten: Die Benediktiner hatten sich per Privileg das alleinige Recht daran zusagen lassen. Mit der Gründung der Innung der Wiener Zuckerbäcker im Jahr 1744 wurde Wien dann endgültig zu einer Hauptstadt des Konditorwesens, aber auch der Zuckerlmacherei.

Die Entdeckung der Zuckerrübe im späten 18. Jahrhundert verhalf dem neuen Berufsstand zu einem weiteren Aufschwung: Zucker musste nicht länger kostspielig und aufwendig importiert werden, sondern konnte nun auch in Mitteleuropa produziert und zu vergleichsweise erschwinglichen Preisen gekauft werden. Damit entstand bald ein regelrechter Hype um den Zucker und alles, was man daraus erzeugen konnte – schon wenige Jahrzehnte später gab es allein in Wien weit über 200 Zucker- und Kuchenbäcker, deren Anzahl bis zur Wende zum 20. Jahrhundert noch einmal massiv stieg. Kleine

Mit opulenten Dekorationen auf den Banketten der Adeligen übertrafen sich die Zuckerbäcker gegenseitig.

Handwerksbetriebe reihten sich dabei an riesige Fabriken, die um die Gunst der Käufer und Genießer buhlten, innerhalb weniger Jahrzehnte entstanden auf österreichischem Boden gewaltige Unternehmen, die schon kurz nach ihrer Gründung weltweit bekannt und beliebt waren. Das lag nicht nur an der augenscheinlichen Expertise der österreichischen Zuckerlmacher, sondern auch an der Innovationskraft der damaligen Zeit. Neue Maschinen und Gerätschaften erleichterten die bis dahin vollständig in Handarbeit stattfindende Erzeugung, man experimentierte mit Geschmacksrichtungen, Formen, Texturen. Ein Produktkatalog der Firma Heller, die ab dem späten 19. Jahrhundert als eines der internationalen Aushängeschilder der Wiener Süßwarenhersteller galt, zeigt die enorme Vielfalt der Produkte: Hunderte verschiedene Zuckerl gehörten damals zum Standardsortiment.

Doch auch abseits der klassischen Zuckerl war das Angebot vieler Zuckerbäcker vielfältig: Erzeugnisse aus Marzipan und Schokolade gehörten genauso dazu wie Kuchen, Torten und Kleingebäck wie Waffeln. Die Bevölkerung, die beim Zuckerkonsum jahrzehntelang nur Zaungast gewesen war, stürzte sich auf das neue Genussmittel, bald boten zahlreiche Bonbongeschäfte die Produkte der verschiedenen Hersteller feil und im Wiener Würstelprater fanden sich erste Verkaufsstände für Süßwaren. Im frühen 20. Jahrhundert wurden sogar Feste zu Ehren des Zuckerls veranstaltet: Im Belvederegarten richtete der Kaiser im Jahr 1901 ein Zuckerlfest aus, 1911 fand zu seinem Geburtstag ein Bonbonfest statt, im Zuge dessen 400 000 Zuckerl mit seinem Gesicht auf der Verpackung in Umlauf gebracht wurden. Doch schon wenige Jahre später war der Aufschwung vorbei: Zwei Weltkriege, die die ganze Welt in Chaos und Unglück stürzten, trafen auch die Zucker- und Zuckerlindustrie. Zucker gehörte zu den rationierten Lebensmitteln und war kaum zu bekommen, Raffinerien und Fabriken wurden zerstört und die Zuckerlmacher standen – im besten Fall – ohne Rohstoffe und Produktionsmöglichkeiten da; im schlimmsten Fall kostete die politische Entwicklung sie überhaupt den ganzen Betrieb: Die Familie Heller wurde im Zuge der „Arisierung" während des Zweiten Weltkriegs enteignet und verlor ihr gesamtes Unternehmen, erst etliche Jahre nach Kriegsende ging die Fabrik an ihre rechtmäßigen Besitzer zurück.

Obwohl sich auch das Zuckerlgewerbe im Rahmen der Wirtschaftswunderzeit in den 1950er-Jahren wieder erholte, ereilte die Branche schließlich ein ähnliches Schicksal wie andere Handwerkszünfte – im Zuge

Historische Produktionshelfer: zum Schneiden (oben), für die Produktion von Walzenzuckerl (Mitte) und Seidenzuckerl (unten).

Das Handwerk der Zuckerlmacherei mag sich optisch verändert haben – in seinen Grundzügen funktioniert es noch so wie vor Hunderten von Jahren.

von Digitalisierung, Technisierung und Globalisierung im ausgehenden 20. Jahrhundert verschwand sie nach und nach von der Bildfläche oder wurde von internationalen Unternehmen verdrängt. Erst der im neuen Jahrtausend aufkeimende Trend, der wieder in Richtung Handwerk und Handarbeit weist, bewirkt heute eine neue Wertschätzung für die traditionellen Herstellungsmethoden. Die zeigt sich auch in offizieller Anerkennung: Im Jahr 2022 erhielt der Beruf der Zuckerbäcker den Status des immateriellen UNESCO-Weltkulturerbes.

Erweitert man das Blickfeld ein wenig, zeigt sich der Weg der Zuckerl etwas anders: Bis heute findet man in vielen skandinavischen Lebensmittelläden eine Wand voller kleiner Boxen, aus denen man sich seine Süßigkeitenmischung selbst zusammenstellen kann. Die Vielfalt der *Godis*, wie die Zuckerl hier heißen, ist groß und reicht von den klassischen *Polkagris*, rot-weiß gestreiften Zuckerstangen mit Pfefferminzaroma, über Lakritz bis zu Naschwerk aus Gelee. Auch im Norden Europas hat das Handwerk des Zuckerlmachens eine lange Tradition – die Süßwaren sind hier fixer Bestandteil des Alltags. Das Zentrum der skandinavischen Zuckerlliebe ist Schweden – das Land in Nordeuropa weist den höchsten durchschnittlichen Zuckerlkonsum pro Kopf der Welt auf, die Bewohner lieben ihre *Lördagsgodis*. Der Name dieser wortwörtlichen „Samstagszuckerl" hat eigentlich eine unrühmliche Geschichte: Weil der Zuckerkonsum in Schweden Mitte des letzten Jahrhunderts unaufhörlich stieg, waren bald auch die damit verbundenen gesundheitlichen Probleme auf dem Vormarsch. So startete die Regierung eine Kampagne, die die Bevölkerung anhielt, von nun an nur mehr samstags Süßigkeiten zu essen. Ob und wie sehr sich die Menschen daran hielten, ist zwar schwer überprüfbar, der Begriff aber hat sich bis heute gehalten.

Die Haupt-stadt

des Zuckerls

Wiener Bonbongeschäfte damals und heute

Literatur, Architektur, Malerei, Musik – zur Zeit der Wiener Moderne war die österreichische Hauptstadt eines der europäischen Zentren der Hochkultur. Das gesellschaftliche Geschehen drehte sich um die schönen Seiten des Lebens. Integraler Bestandteil davon waren die legendären Wiener Kaffeehäuser, in denen sich die großen Denker mit Vorliebe trafen. Dort wurde philosophiert, Kunst jedweder Couleur erschaffen, aber auch den kulinarischen Genüssen gefrönt und sich an den Erzeugnissen von Konditoren, Chocolatiers und Zuckerbäckern gelabt.

Letztere erlebten um die Jahrhundertwende einen derartigen Aufschwung, dass auch die Anzahl der spezialisierten Geschäfte, in denen ihre filigranen Erzeugnisse feilgeboten wurden, regelrecht explodierte. Gab es in den 1860er-Jahren bereits etwa 200 Zucker- und Kuchenbäcker in Wien, hatte sich ihre Anzahl bis ins neue Jahrhundert verdoppelt. Größere Unternehmen wie Victor Schmidt & Söhne setzten dabei auf eigene Verkaufsstellen, den vielfältigsten Querschnitt der Wiener Zuckerlkultur fand man jedoch vor allem in Bonbongeschäften im und rund um den ersten Bezirk. Am Graben und entlang der edlen Einkaufsstraßen von der Kärntner Straße bis zur Wollzeile wurden die Süßigkeiten in großen und kleinen Mengen – also *en gros* und *en detail* – an den Mann und die Frau gebracht. Obwohl die folgenden Jahrzehnte bekanntlich von politischen und wirtschaftlichen Katastrophen geprägt waren, die auch die Süßwarenbranche mit voller Wucht trafen, gelang es so manchem Unternehmen mit Geschick und wohl auch einigem Glück, diese Zeit einigermaßen unbeschadet zu überstehen. Und noch mehr Geschick, Glück und Ausdauer führten dazu, dass man in einigen wenigen davon bis heute süße Köstlichkeiten kaufen kann.

Eines dieser Relikte ist das *Bonbongeschäft Anzinger* im Herzen des ersten Bezirks, das eine abenteuerliche Geschichte hinter sich hat. Denn mit Glück und Geschick war auch jene junge Frau reichlich gesegnet, die in den späten 1930er-Jahren in einem Bonbongeschäft gegenüber der Albertina in der Innenstadt tätig war, als ihre Chefin ihr die Übernahme der Immobilie anbot. Allein, der Verkäuferin fehlte das Geld, und der Zugriff auf das Familienvermögen war mit der Auflage einer zuvor stattfindenden Heirat verbunden. Die resolute Wienerin wählte stattdessen eine List – ein bekannter Wachmann, der zufällig denselben Nachnamen trug, bürgte für sie und verhalf ihr so zum Startkapital, das die junge Frau zur Besitzerin des Bonbongeschäftes machte. Wenn auch zum denkbar schlechtesten Zeit-

Zuckerl, Schokolade, Marzipan: Das *Bonbongeschäft Anzinger* im ersten Wiener Gemeindebezirk ist seit Jahrzehnten Anlaufstelle für Naschkatzen.

In der *Confiserie zum süßen Eck* in Wien-Alsergrund werden die Süßigkeiten in historischem Interieur präsentiert.

punkt: Der Zweite Weltkrieg legte seine Schatten über Europa. Waren die Handelsartikel zunächst auf Kredit eingekauft worden, wurde schon bald mit Lebensmittelmarken bezahlt. Der Krieg tobte schließlich auch direkt über Wien, doch das Glück war auf der Seite des Bonbongeschäftes Anzinger: Als eine Bombe in einem Nebengebäude einschlug, wurde das Geschäft zwar verwüstet, war nach umfangreichen Aufräumarbeiten aber noch intakt. Auch der nach dem Krieg herrschenden Knappheit begegnete die Eigentümerin mit Verve – im benachbarten *Café Mozart* wurde reger Schwarzhandel mit allerlei Waren betrieben, für die Vermittlung von Zucker an große Zuckerlfabriken ließ sich Frau Anzinger mit Waren bezahlen und sorgte so für Nachschub.

Mit Hildegard Anzinger übernahm in den frühen 1970er-Jahren die Tochter der gewieften Geschäfts-

En gros und *en detail*, also einzeln oder in größeren Mengen, wurden Zuckerl und Co. in einem Wiener Bonbongeschäft 1930 angeboten.

frau die Führung des inzwischen stadtbekannten Ladens – und sie hält, mit derselben Hingabe zu ihrem Beruf wie die Frau Mama, ihre Position bis heute. Der aufkeimenden Konkurrenz aus dem Ausland sowie der Übermacht der Supermärkte sei nur mit besonderem Service beizukommen, sagt die betagte Dame mit dem fröhlichen Lachen. „Die Russen wissen, was gut ist; die Italiener mögen Schokolade, sind aber nicht so interessiert am Austausch; die Franzosen wollen das Einkaufserlebnis", erzählt sie, und die Liste geht noch weiter. Die 50-jährige Erfahrung als Verkäuferin macht sich bezahlt: Kunden, die selbst noch nicht wissen, was genau sie suchen, liest Frau Anzinger die Wünsche von den Augen ab. Fremdsprachige Mitarbeiter, die die vornehmlich aus dem Ausland stammenden Einkäufer in ihrer Muttersprache bedienen können, gehören ebenso dazu wie ein perfekt zusammengestelltes Sortiment.

Auch etwas abseits der Innenstadt befindet sich ein Kleinod für Naschkatzen, das an die goldenen Zeiten der traditionellen Wiener Zuckerlmacherei erinnert: Seit fast 100 Jahren beliefert die *Confiserie zum süßen Eck* nahe der Volksoper im neunten Bezirk die Wiener Bevölkerung mit Süßwaren. Spezialisiert hat man sich hier – unter anderem – auf eine riesige Auswahl an Lakritz. Die pechschwarze Süßigkeit aus eingekochtem Süßholzwurzelextrakt mag nicht jedermanns Sache sein, hat aber, ähnlich wie andere Kanditen, eine lange und traditionsreiche Geschichte. Schon in den Jahrhunderten vor Christus galt Süßholzwurzel im arabischen Raum als Heil- und Genussmittel, seine Nutzung und Verarbeitung ähnelt der des Zuckerrohrs: Die meterlangen holzigen Süßholzwurzeln werden nach der Ernte zu Spänen zerkleinert und dann lange sanft in Wasser gesimmert, also unter dem Siedepunkt erhitzt. Das so entstandene Extrakt wird im Anschluss getrocknet und als Rohlakritz in Blockform weiterverarbeitet: Damit Lakritzsüßigkeiten daraus werden, muss der Block in Wasser aufgelöst und dann mit Zucker und Stärke vermischt werden.

Im *süßen Eck* wandern neben schwindelerregenden 140 Lakritzsorten aber auch alle anderen erdenklichen Formen von Süßigkeiten über den Ladentisch, der, wie große Teile der übrigen Einrichtung, seit dem Jahr 1914 treue Dienste leistet. So ist das Betreten des Geschäftes aus optischer wie olfaktorischer Sicht ein Genuss – und verspricht auch eine Zeitreise in das Wien des frühen 20. Jahrhunderts.

Pioniere

EGGER

Die Dragierkessel liefen ab dem Spätsommer auf Hochtouren, um die Versorgung mit Dragee-Ostereiern im nächsten Frühjahr zu gewährleisten.

Den Platzhirschen unter den Geleesüßigkeiten in Bärchenform kennt – nicht nur aufgrund einprägsamer Werbemaßnahmen mit einem überaus berühmten Testimonial – jeder. Doch hierzulande dürfte den meisten Menschen mit Vorliebe für weiche Zuckerl umgehend ein zweiter Name einfallen – vielleicht nicht so sehr der der Marke, aber bestimmt der des Produktes: Im goldenen Sackerl mit dem gezeichneten Fußballspieler befinden sich kleine, rechteckige Geleewürfel in bunten Farben und überzogen mit zitronensaurem Kristallzucker. Der „Sportgummi" ist in Österreich eine Legende.

Auch seine Geschichte reicht zurück in jene Zeit, in der Wien eine der Welthauptstädte des Zuckerls war: 1870 gründete ein Kaufmann mit dem klingenden Namen Isidor Egger im Wiener Vorort Nussdorf eine Süßwarenfirma – und sollte Unternehmensgeschichte schreiben. Zunächst standen neben Zuckerwaren auch Leckereien aus Schokolade auf dem Produktionsplan, bald schon konzentrierte man sich aber in kulinarischer Hinsicht auf drei Standbeine: Geleesüßigkeiten, wohltuende pflanzliche Zuckerl für Hals und Rachen sowie bunte Naschereien mit Dragee-Überzug.

Kurz vor der Jahrhundertwende übernahm Isidors Frau die Geschicke des Unternehmens und nannte es „A. Egger's Sohn", nur wenige Jahre später erhielt man eine der damals größtmöglichen Auszeichnungen für Lebens- und Genussmittelproduzenten: Eine Urkunde flatterte ins Haus, die der Fabrik den Status als „kaiserlicher und königlicher Hoflieferant" bestätigte. Eines der Standbeine des Unternehmens blieb die Produktion köstlicher sowie wohltuender Süßwaren im Sinne der früheren Confectionari, unter demselben Dach wurden nun aber noch weitere Produkte hergestellt: Pharmazeutisches, etwa Hustensaft, firmierte unter dem Namen „Eggochemia", „Glorodont" hieß die hauseigene Zahnpasta. Erst im Jahr 1932 wurden Pharmazeutika und Süßwaren offiziell von zwei getrennten Firmen, räumlich allerdings immer noch vereint in der Nussdorfer Fabrik, hergestellt.

1956 stieg ein Mann in die Firma ein, der die Geschicke mehr als ein halbes Jahrhundert lenken würde: 17 Jahre alt war der gelernte Chemietechniker Helmut Pois, als er seinen Dienst als Kalkulant antrat. Zunächst war er also zuständig für Zahlen und Kalkulationen, doch über die folgenden Jahre arbeitete er sich stetig nach oben, bis er schließlich in der Geschäftsleitung ankam. Die Produktpalette von Egger war in den 1960er-Jahren noch immer durchaus vielfältig. Verkaufsschlager war

Wohltuende Kräuterzuckerl gehören seit über 150 Jahren zum Sortiment – nur die Verpackung sieht heute anders aus.

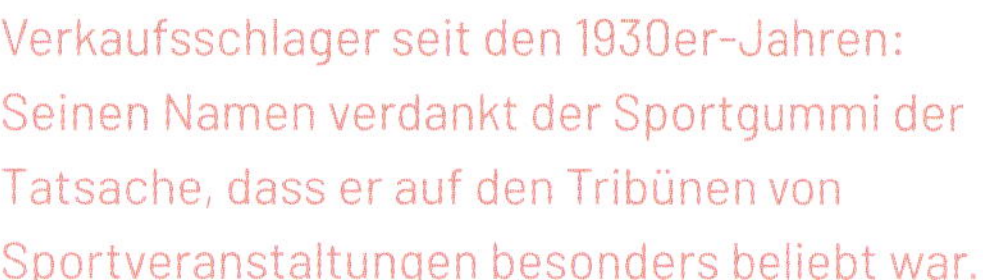
Verkaufsschlager seit den 1930er-Jahren: Seinen Namen verdankt der Sportgummi der Tatsache, dass er auf den Tribünen von Sportveranstaltungen besonders beliebt war.

seit den 1930er-Jahren der „Sportgummi". Zunächst recht simpel unter der Bezeichnung „Fruchtgummi" verkauft, stellte man bald fest, dass die Süßigkeit gerade bei Sportveranstaltungen reißenden Absatz fand – der neue Name war geboren. Eine clevere Marketingaktion verschaffte dem Produkt Mitte des 20. Jahrhunderts noch mehr Fans: Wer 1000 leere Fruchtgummi-Säckchen zum Nussdorfer Gelände brachte, erhielt ein ganzes Kilo der Nascherei umsonst. Hier schließt sich auch der Kreis zum Namen „Sportgummi", denn weil bei Fußballspielen häufig eine ganze Menge leerer Sackerl auf den Tribünen liegen blieb, fingen – so erzählt es zumindest die Legende – Jugendliche damit an, nach den Spielen den vermeintlichen Müll einzusammeln, um sich so ein Kilo frischer Leckereien zu sichern. Hergestellt wurden die bunten Naschwerke damals noch aus *Gummi arabicum*, den man mit viel Aufwand aus Afrika importierte, erst in den 1980er-Jahren wurde auf Gelatinebasis umgestellt, das bedeutete zwar weniger Aufwand bei der Beschaffung des Rohstoffes, gleichzeitig stiegen aber die Kosten.

Neben dem weichen Fruchtgummi gibt es aber noch andere Süßwarenklassiker aus dem Hause Egger, Eibischteig etwa. Die weichen, geschäumten Gummizuckerl schmecken nach Eibisch- und Süßholzwurzel sowie Rosenöl, gehören also eher zur herberen Kate-

Das Expedit der Nussdorfer Fabrik – zuständig für Verpackung und Versand.

gorie von Naschwerk, sind aber nicht zuletzt aufgrund des enthaltenen Süßholzextraktes besonders bei Vielsprechern, Sängern und Menschen mit rauem Hals bis heute beliebt. Weitere Erzeugnisse aus dem späteren 20. Jahrhundert sind heute nicht mehr erhältlich, wurden damals aber unter Verwendung möglichst natürlicher Inhaltsstoffe hergestellt: Die Kaukaramellen „Fritt", die runden Kauzuckerl mit dem Namen „Bronhi", schon der Name verrät ihren Zweck, sowie „Kaschu", kleine, mit silberner Farbe überzogene Ecken aus Süßholz, die einen lakritzähnlichen Geschmack besaßen. Auch einen weiteren Hit im Sortiment der damaligen Zeit gibt es heute nicht mehr: die Dragee-Ostereier. Gleich nach dem jährlichen Betriebsurlaub im Sommer wurde mit der Herstellung der bunten, eiförmigen Zuckerl begonnen, damit die Regale zur Osterzeit im März oder April stets gut gefüllt waren. Abgesehen von jenem Betriebsurlaub stand die Produktion in den Hallen von Egger übrigens nie still – trotz fehlender Klimaanlage wurde jahraus, jahrein produziert.

Helmut Pois verantwortete die Produktion all dieser Erzeugnisse – darauf, dass die pharmazeutischen und die süßen unter ihnen in getrennten Abteilungen hergestellt wurden, die aber aus wirtschaftlicher Sicht jede für sich schwarze Zahlen schrieben, ist er bis heute besonders stolz. Rund um den Fall der Mauer und den EU-Beitritt Österreichs wurden zwar firmenintern Pläne geschmiedet, die immer teurer werdende Produktion ins Ausland zu verlagern, doch die Versuche, eine Fabrik im ehemaligen Ostblock zu erwerben, schlugen fehl. Stattdessen wurden nach längerer Überlegung doch noch die Umzugskisten gepackt, der Weg war allerdings kein allzu weiter: Die Fabrik in Nussdorf wurde aufgegeben und Produktion sowie Firmensitz und Büros von Egger mitsamt den rund 50 Mitarbeitern übersiedelten in eine neuere und wesentlich modernere Fabrik in Wien-Liesing.

Im Jahr 2007 wurde „Zuckerlhochzeit" gefeiert: „A. Egger's Sohn Süßwaren und Naturmittel GmbH", wie das Unternehmen offiziell heißt, wurde vom weltbekannten Linzer Süßwarenproduzenten PEZ übernommen. Produziert wird auch heute noch im 23. Wiener Gemeindebezirk Liesing, und beinahe unverändert ist auch die Produktpalette. Diese teilt sich nach wie vor in Süßwaren zum reinen Genuss und solche, die auch wohltuende Wirkung haben wie Eibischteig und Hustinetten. Letztere sind übrigens streng genommen kein original Egger-Produkt, die Firma hält jedoch in Österreich die Rechte daran und produziert die bekannten Hustenzuckerl schon seit den 60er-Jahren.

Das Testimonial der Firma Kirstein, ein Männchen aus Blockmalzzuckerln, wurde in den 1950er-Jahren nach dem Vorbild des Michelin-Männchens geschaffen.

KIRSTEIN

Der Kirstein-Blockmalzmann, der hat's mir angetan" – es dürfte nur wenige Bewohner Österreichs über 35 geben, die den Slogan des Wiener Zuckerlproduzenten nicht mehr im Ohr haben. Jahrzehntelang, bis in die späten 1990er-Jahre, gehörten die eckigen Malzzuckerl zu den bekanntesten Süßigkeiten des Landes und war der Name „Kirstein" überaus geläufig – dank eines einzigartigen Produktes und seiner nicht minder einzigartigen Vermarktung.

Ihren Anfang nahmen die dunkelbraunen Zuckerl mit dem Malzgeschmack im deutschen Rheinland. Dort gründete im Jahr 1877 der Konditormeister Ludwig Kirstein eine Großbäckerei und Konditorei, in der verschiedene Zuckerwaren hergestellt wurden – unter anderem auch das sogenannte „Blockmalz", eine würfelförmige Süßigkeit aus Zuckerkaramell und Malz. Ludwig selbst hatte das Handwerk des Zuckerbäckers von seinem Vater erlernt und sich dann mit seinem eigenen Betrieb selbstständig gemacht. Nur wenige Jahrzehnte später wiederholte sich die Geschichte, als Emil Richard – Ludwigs Sohn, der ebenfalls von seinem Vater den Beruf des Zuckerbäckers gelernt hatte – sich aus dem elterlichen Betrieb löste, um weiter südlich seinen eigenen zu gründen.

Emil zog es weg vom Rhein und nach Wien, wo er sein eigenes kleines Geschäft mit angeschlossener Produktion im Stadtteil Gersthof eröffnete und dort – unter anderem – ebenfalls die dunklen Blockmalzzuckerl herstellte. Dass Emil ein überaus kreativer und gewiefter Geschäftsmann war, zeigte sich bald auch an seinen Fähigkeiten als Zuckerlmacher: Klassisches Blockmalz galt als wohltuend für den Hals. Um diese Wirkung noch zu verstärken und den medizinischen Aspekt des Produktes hervorzuheben, stellte Emil eine Mischung verschiedener Kräuteressenzen zusammen, die in die Zuckerlmasse gemengt wurde. Die Kräuter-Malzzuckerl wurden hernach als Hustenzuckerl verkauft und erfreuten sich bald auch außerhalb Wiens größter Beliebtheit. Das Unternehmen wuchs und Emil tüftelte weiter an neuen Entwicklungen. Eine davon verhalf ihm schließlich endgültig zum internationalen Durchbruch: Das Zuckerl aus Milchmalz war weniger herb als sein Pendant mit der Kräutermischung und so nicht nur gut für den Hals, sondern vor allem als süße Leckerei geschätzt.

Schon in den frühen 1920er-Jahren war man dem ursprünglichen Standort entwachsen und machte sich auf die Suche nach einer neuen, größeren Produktionsstätte, um den steigenden Bedarf zu decken. Fündig wurde man in der Heiligenstädter Straße im Wiener Be-

Echt
Kirstein's
MILCH
BLOCKMALZ

Wohlschmeckend &
bewährt

Marketing ist alles: Werbung mit der Blockmalzfamilie tauchte ab den 1950ern auf allen größeren Bahnhöfen Österreichs auf.

zirk Währing: Eine ehemalige Weinhandlung bot nicht nur genügend Platz für die Maschinen und steigende Anzahl an Mitarbeitern, das neue Firmengelände hatte noch einen weiteren Vorteil, der besonders für die Verarbeitung der Zuckerl aus frischer Milch entscheidend war: Eigene Bahngleise führten direkt zum Franz-Josefs-Bahnhof auf das Gelände und erlaubten so, Rohstoffe direkt und ohne Umwege in die Fabrik zu liefern.

Emil Kirstein war jedoch nicht nur ein Pionier im Bereich der Zuckerlerfindung, vor allem war er ein Experte im Marketing: In den frühen 50er-Jahren ließ er nach dem Vorbild des Michelin-Mannes von einer Schweizer Grafikerin den Blockmalzmann entwerfen. Das neue „Gesicht" der Marke, ein Männchen aus Malzzuckerln, das bald von einer ganzen Blockmalzfamilie ergänzt wurde, taucht schon wenige Jahre später überall und in lebensgroßer Erscheinung auf – Emil mietete auf jedem größeren österreichischen Bahnhof prominente Werbeflächen und ließ diese mit seiner Werbefigur plakatieren. Um den Verkauf und die ideale Produktplatzierung im Handel weiter anzukurbeln, rief er in Greißlereien und Süßwarengeschäften Wettbewerbe aus – das am schönsten mit Kirstein-Produkten dekorierte Schaufenster gewann. Auf diese Weise schuf er ein Netzwerk aus Filialen, in denen Werbemittel und Aufsteller mit dem Blockmalzmann beinahe allgegenwärtig waren.

In der Zwischenzeit war auch die nächste Generation ins Unternehmen eingetreten, Wilhelm Kirstein und sein Vater kümmerten sich in den folgenden Jahren gemeinsam um das immer weiter wachsende Süßigkeitenimperium – die Freundschaft Emil Kirsteins zu einem deutschen Maschinenproduzenten bedingte, dass in der Wiener Fabrik immer nur die neuesten Gerätschaften für die Produktion zum Einsatz kamen und sie sich so zu einer der modernsten des Landes entwickelte. Das Verkaufstalent der Familie zeigt sich aber auch in der Expansion ins Ausland: Bald gab es in zahlreichen europäischen Ländern Lizenznehmer, die Blockmalzzuckerl unter dem Namen „Kirstein" herstellten und verkauften, sogar in Barcelona wurden die Süßigkeiten produziert und in spanischen Lebensmittelläden vertrieben.

In den frühen 70er-Jahren war das Wachstum ungebrochen, als die dritte Generation sich an die Arbeit machte. Emils Enkelsohn Wilhelm hatte zwar rasch die Zeichen der Zeit erkannt – der Süßwarenmarkt entwickelte sich zusehends in Richtung „Gummiware", also der weichen Geleeprodukte –, doch in der Familie wollte man lieber den bekannten Weg weiterverfolgen. Wenig

Zuckerlmacher unter sich: Wilhelm Kirstein (links) hat dem Blockmalz neues Leben eingehaucht, Christian Mayer gründete im Jahr 2013 die Zuckerlwerkstatt.

später führten dann ein Streit und eine folgenschwere Entscheidung zum jähen Ende der Unternehmensgeschichte der Kirsteins: 1973 wurde das Unternehmen an den Grazer Süßwarenhersteller Englhofer verkauft. Der erhielt die Produktion und Vermarktung der Malzzuckerl unter demselben Namen noch bis in die späten 90er-Jahre aufrecht und wurde dann selbst vom Schweizer Nahrungsmittelriesen Nestlé gekauft. Von dort ging Kirstein wenig später an den deutschen Süßwarenproduzenten Storck, der die Produktion schließlich einstellte. Der Blockmalzmann und die Zuckerl verschwanden aus den Regalen.

2017 war Wilhelm Kirstein längst im Ruhestand, doch nach einer erfolgreichen Karriere bei diversen internationalen Konzernen war dem fast 80-Jährigen nach eigener Aussage langweilig – und so wurde er kurzerhand zum ältesten Jungunternehmer des Landes. Mit einem geschickten Trick holte er sich den Markennamen seiner Familie zurück und lässt heute wieder nach alter Rezeptur Blockmalzzuckerl produzieren. In kleinerer Menge zwar, aber nach dem Originalrezept seines Urgroßvaters. Erhältlich sind sie in ausgewählten Süßigkeitengeschäften in Österreich – man erkennt sie am vertrauten Gesicht des Blockmalzmannes.

Heller
WIEN
Wiener Zuckerl
TAFEL VIII.
597
903
696
445
515
912
901
363
911
904
278
368
990
920
599
Preise für die Artikel Nr. 904 bis 911 siehe Seite 22.
— 21 —
HELLER, WIEN X I.
Karamellen
Heller
WIEN

SUPERBE
G&W. HELLER
Wiener Zuckerl
Heller
SCHOKOSANA
Spezialschokolade für Leute mit sitzender Lebensweise
SCHOKOSANA
SPEZIALSCHOKOLADE
Heller
Milch
für jeden gesund und erlaubt
Heller
Heller's
Bonbons
Chocolat
G&W. Heller Wien.
Wiener Zuckerl

Die Brüder Gustav und Wilhelm Heller gründeten 1891 die später weltbekannte Wiener Zuckerlfirma. Und belieferten als Kammerlieferanten bald auch den Kaiser.

G. & W. HELLER

Die letzte Königin Hawaiis wird gekrönt, der Bau der transsibirischen Eisenbahn beginnt und Thomas Edison lässt den 35-Millimeter-Film patentieren: Das Jahr 1891 war ein Jahr der Innovationen. Das gilt auch für die Hauptstadt der österreichisch-ungarischen Monarchie. Denn in Wien machten sich zur selben Zeit zwei Brüder auf, ein Unternehmen von Weltrang zu schaffen, das nicht nur das Handwerk der Zuckerbäckerei selbst, sondern auch seine Geschichte nachhaltig und maßgeblich beeinflussen sollte.

Die aus Böhmen stammenden Brüder Gustav und Wilhelm Heller waren beide Anfang 30, als sie sich zur Gründung eines Unternehmens an ihrem Wohnort Wien entschlossen. Wilhelm hatte das Zuckerbäckerhandwerk beim Zuckerlpionier Victor Schmidt & Söhne gelernt, Gustav sollte für kaufmännische und kommerzielle Agenden zuständig sein. Die Fabrik, die die beiden im dritten Bezirk eröffneten, war von Beginn an ihrer Zeit meilenweit voraus, denn die Brüder wussten Nachhaltigkeit und Ressourcenschonung schon umzusetzen, als beide noch kein Trend waren: Die für das Laufen der Maschinen notwendige Energie wurde aus der Abwärme des nahe gelegenen Beatrixbades bezogen, einer beliebten Badeanstalt der Wiener. Auch die Produktion selbst war innovativ, denn anders als ihre Konkurren-

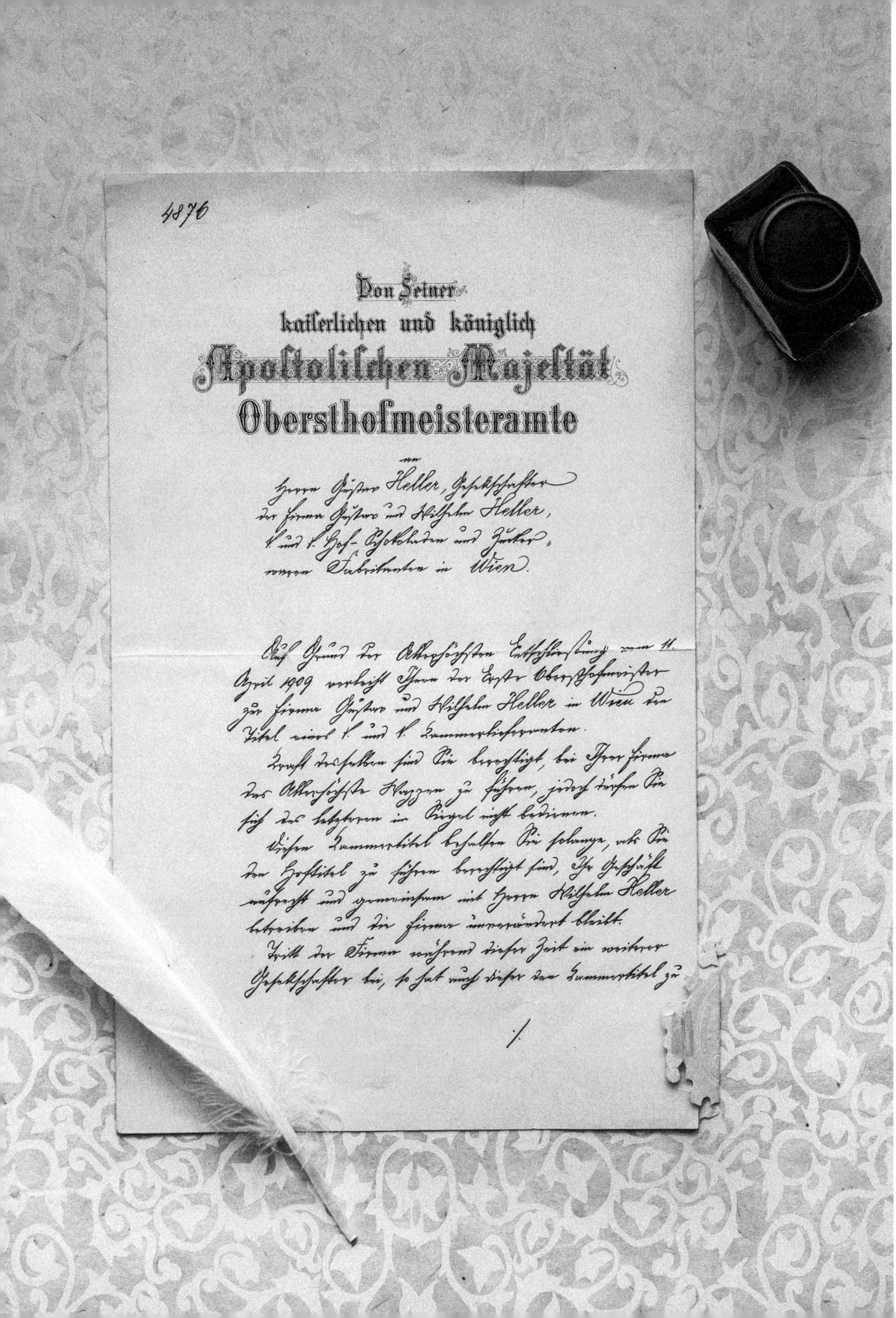

4870

Von Seiner kaiserlichen und königlich Apostolischen Majestät Obersthofmeisteramte

an

Herrn Gustav Heller, Gesellschafter
der Firma Gustav und Wilhelm Heller,
k. und k. Hof-Chokoladen und Zuckerwaren Fabrikanten in Wien.

Auf Grund der Allerhöchsten Entschließung vom 11. April 1909 verleiht Ihnen der Erste Obersthofmeister zur Firma Gustav und Wilhelm Heller in Wien den Titel eines k. und k. Kammerlieferanten.

Kraft desselben sind Sie berechtigt, bei Ihrer Firma das Allerhöchste Wappen zu führen, jedoch dürfen Sie sich des letzteren im Siegel nicht bedienen.

Diesen Kammertitel behalten Sie solange, als Sie den Hoftitel zu führen berechtigt sind, Ihr Geschäft aufrecht und gemeinsam mit Herrn Wilhelm Heller betreiben und die Firma unverändert bleibt.

Tritt der Firma während dieser Zeit ein weiterer Gesellschafter bei, so hat auch dieser den Kammertitel zu

./.

ten kochten die Gebrüder Heller den Zucker nicht länger über offenem Feuer, sondern mittels eines eigens entwickelten Vakuumverfahrens. Durch die so stark verkürzte Kochzeit wurden einerseits die Produktionskapazitäten massiv erhöht, zudem sank durch die nicht mehr vorhandene Bräunung des Zuckers der Bedarf an kostbaren Farbstoffen. Zwar gehörten auch Waren aus Schokolade zum Produktrepertoire, der Fokus der Heller-Fabrik lag aber auf Zuckerln. Ihre Expertise in der Süßigkeitenherstellung sprach sich in Windeseile in der Stadt herum – bis in die obersten Kreise. Schon wenige Jahre nach der Eröffnung der Fabrik wurde die „Zuckerwarenfabrik Gustav und Wilhelm Heller" zum offiziellen „k. u. k. Hoflieferanten" und zum „Kammerlieferanten" des Kaisers, die höchste Auszeichnung für Lebensmittelhersteller der damaligen Zeit. Der gewaltige Produktkatalog aus dem Jahr 1898 zeigt die Vielseitigkeit des Unternehmens: Hunderte Zuckerlsorten in unterschiedlichen Größen, Farben und Formen wurden angeboten, das legendärste und bis heute bekannteste war schon damals ein Verkaufsschlager: das Wiener Zuckerl, ein Fruchtbonbon mit flüssigem Kern aus Fruchtmark.

Hochwertige Produkte in edler Verpackung: Im Wien des 20. Jahrhunderts waren Heller-Zuckerl in aller Munde.

106
10
49
41
43
HELLER
90
WIEN
1038
737
1022
WIEN
WIEN
WIEN
WIEN
HELLER
HELLER
462
99

Die Produktkataloge der Firma G. & W. Heller zeigen, dass es nichts gab, was es nicht gab: Seiden- und Walzenzuckerl gehörten ebenso zum Sortiment …

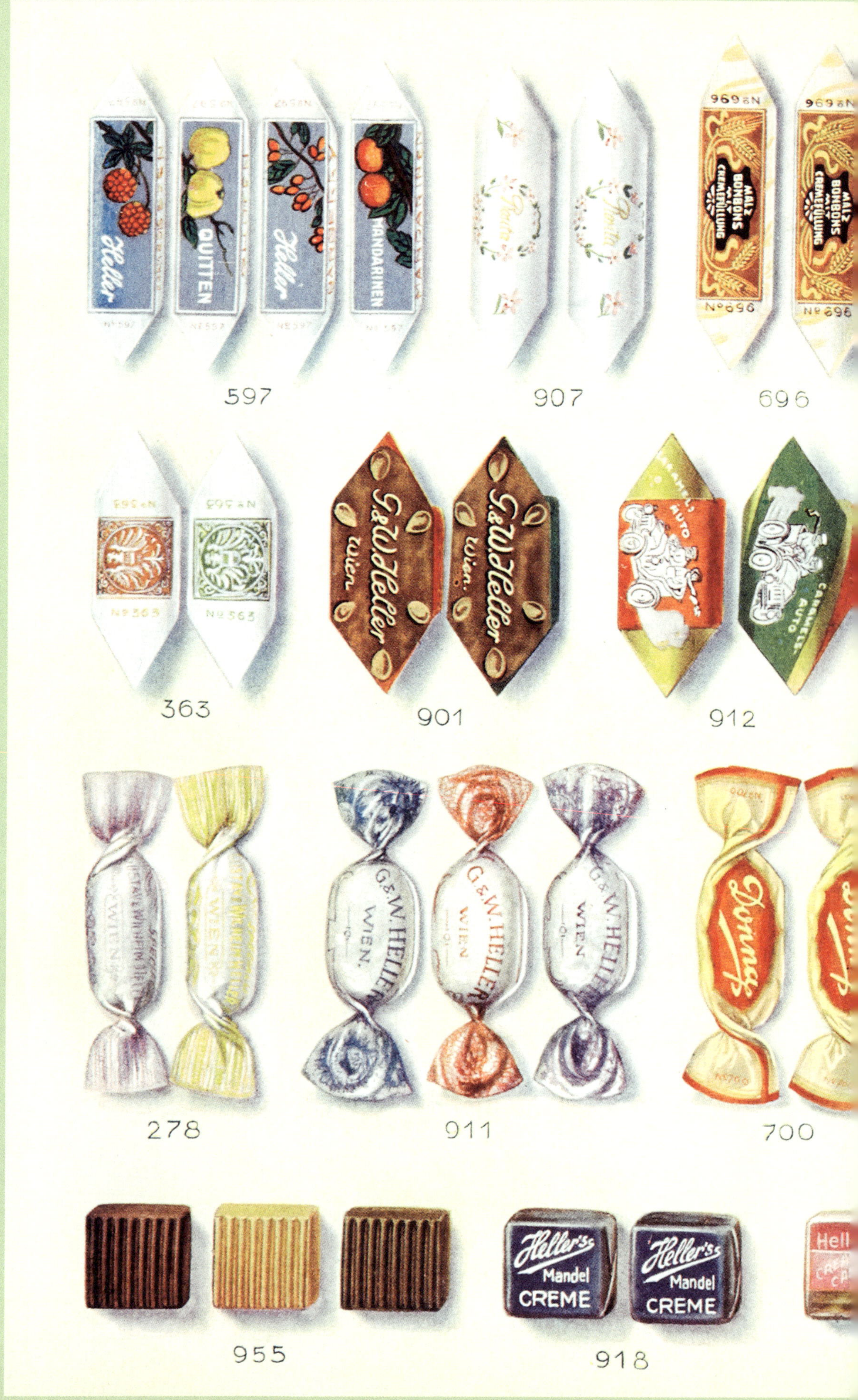

597 907 696

363 901 912

278 911 700

… wie die klassischen Wiener Zuckerl mit flüssiger Fruchtfülle und cremige Mandelzuckerl, …

955 918

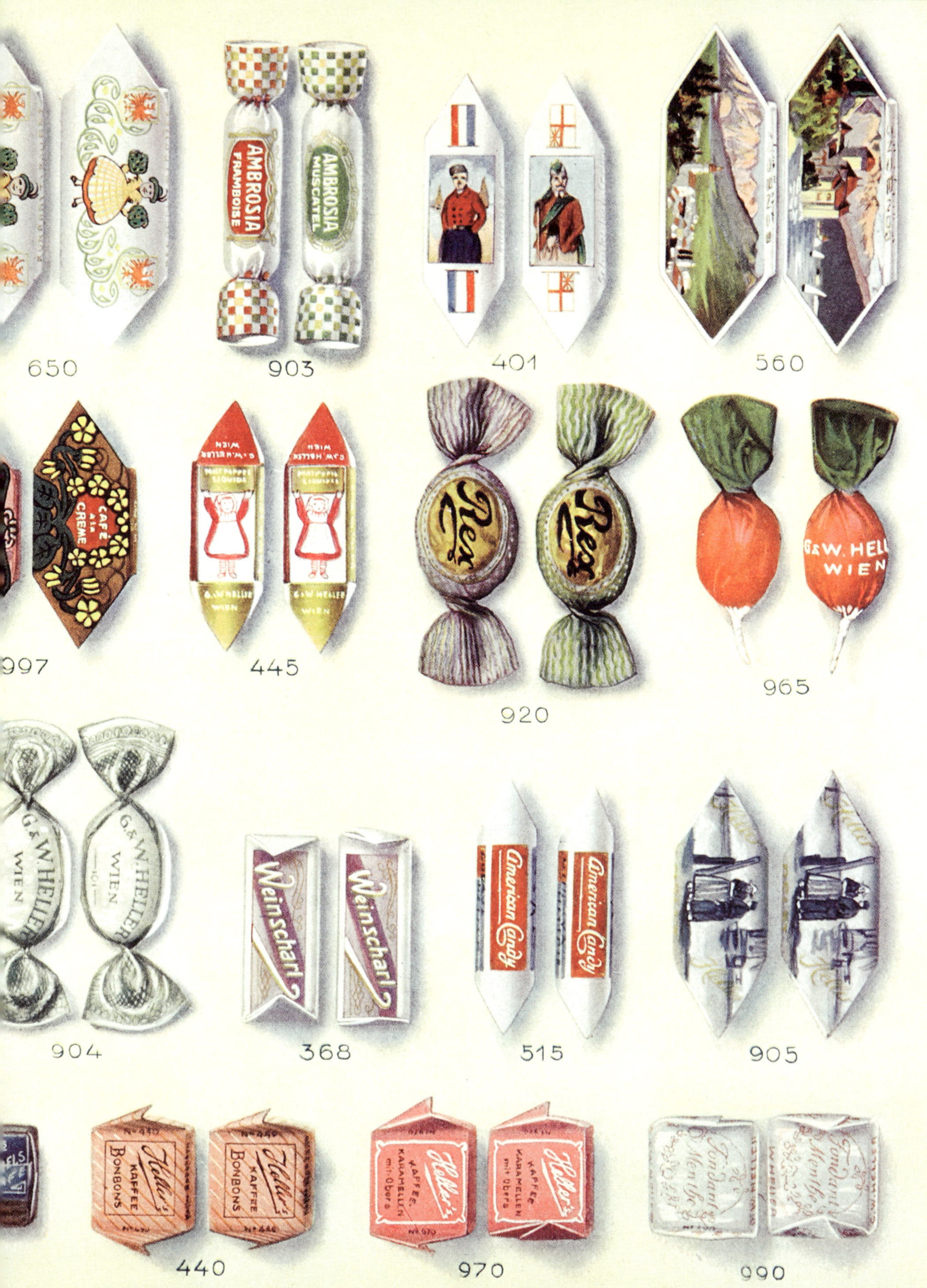
AMBROSIA FRAMBOISE
AMBROSIA MUSCATEL
650
903
401
560
CAFÉ AU CREME
997
G.&W. HELLER WIEN
445
Rex
920
G.&W. HELL WIEN
965
G.&W. HELLER WIEN
904
Weinscharl
368
American Candy
515
905
Heller's KAFFEE BONBONS
440
Heller's KAFFEE KARAMELLEN mit Obers
970
990

A

B

K

5 Kg

3 Kg

1 Kg

5 Kg

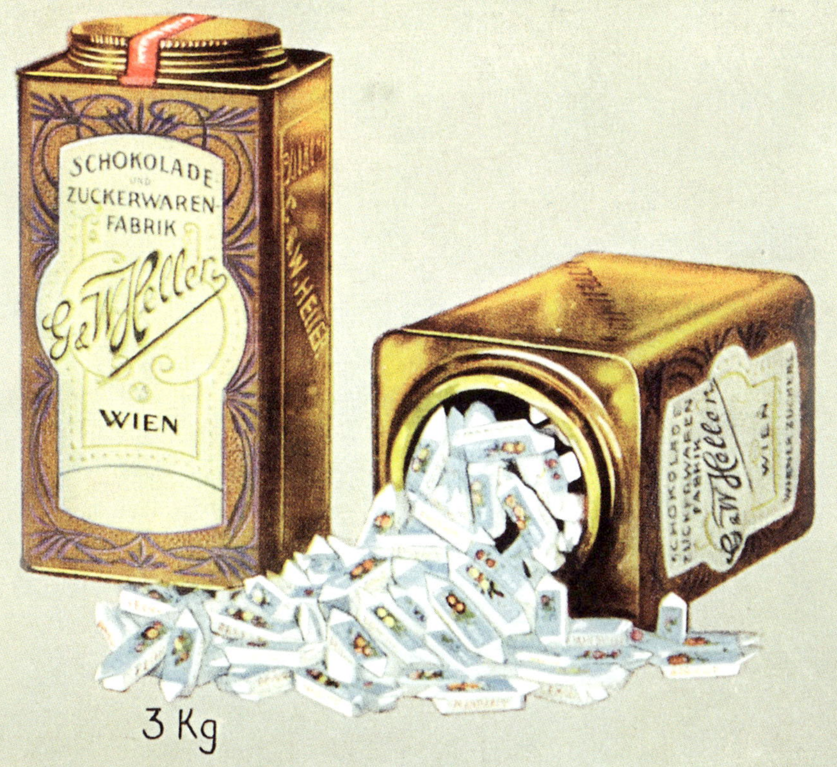

… die einzeln oder in eigens produzierten Glasgefäßen und Dosen verkauft wurden.

Die riesige Fabrik im zehnten Wiener Gemeindebezirk zählte zu ihren Hochzeiten vor dem Ersten Weltkrieg rund 1400 Mitarbeiter ...

So wurde der Platz im dritten Bezirk bald zu klein und die Fabrik übersiedelte in den südlichen Stadtteil Favoriten, wo pünktlich zur Jahrhundertwende eine neue Fabrik von beeindruckender Größe errichtet wurde: Das gewaltige viergeschoßige Gebäude umfasste mehrere Produktionshallen und bot auch Platz für ein eigenes Kesselhaus, über dem der weithin sichtbare Schornstein prangte. In den Folgejahren wurde die Fabrik immer wieder erweitert und modernisiert, das Geschäft florierte – keine 20 Jahre nach der Gründung des Unternehmens zählte man rund 1400 Mitarbeiter und der Name Heller war ein Garant für hohe Qualität, nicht nur in Wien: Die Erzeugnisse wurden auch in die Kronländer und weit darüber hinaus geliefert, 64 Nationen standen im frühen 20. Jahrhundert auf der Exportliste, in London, Paris, Italien, Irland, Portugal und kurzzeitig sogar in New York eröffnete man Niederlassungen.

... und wurde immer wieder auf den neuesten technischen Stand gebracht, bis sie zu den modernsten ihrer Art weltweit gehörte.

Die Teilnahme an Fachmessen und emsige Vertreter waren verantwortlich dafür, dass bis zu 64 Länder auf der Exportliste der Heller-Produkte standen.

Der Erste Weltkrieg brachte nicht nur eine jähe Unterbrechung der Nachfrage und im Zuge der Rationierung von Zucker auch Rohstoffknappheit, sondern zudem geänderte Exportbedingungen: Die Niederlassungen im Ausland gingen verloren und die ehemals so lukrativen Geschäfte brachen ein, also wurde die Anzahl der Mitarbeiter reduziert und die Produktion umgestellt: Aus der Zuckerwarenfabrik wurde die „Schokolade-, Zucker- und Obstwarenfabrik Gustav und Wilhelm Heller", besonders die Herstellung von Obstkonserven erwies sich als kluger Schachzug, der dem Unternehmen ein zusätzliches Standbein bescherte. Doch dann kamen die 30er-Jahre und mit ihnen begann die schwierigste Zeit der Unternehmensgeschichte: Das Unternehmen wurde „arisiert" und die jüdischen Inhaber vertrieben. Der Großteil der Familie konnte vor den Nazis nach England, Argentinien und in die USA flüchten.

Als Teile der Familie nach Kriegsende aus dem Exil zurückkehrten, fanden sie zwar eine mehr oder weniger voll funktionsfähige Fabrik inklusive aller Maschi-

Das 130 Jahre alte Fabriksgebäude bietet heute Unternehmen, Wohnungen sowie einem Seniorenheim Platz.

nen und Geräte, aber keine Zutaten vor. Das Fabriksgebäude war wie durch ein Wunder beinahe unbeschadet geblieben, die Rohstofflager jedoch waren vollständig geplündert worden. Nach langwierigen Kämpfen ging das Unternehmen wieder an seine rechtmäßigen Besitzer zurück, doch die teuer wiedererworbenen Rohstoffe, wachsende Konkurrenz und ungünstige Geschäftsentscheidungen in den 50er-Jahren waren schuld, dass sich das Unternehmen in immer größere finanzielle Schwierigkeiten begeben musste. Der nunmehrige Leiter war Wilhelms Sohn Stephan, dessen Lebensmittelpunkt sich nach Kriegsende zusehends von Wien nach Paris verlagerte und dem die Führung des Unternehmens aus der Distanz auch deshalb immer schwerer fiel.

Sein Sohn Fritz sollte schließlich der letzte Inhaber des Süßigkeitenimperiums sein. Wie sein Großvater war auch er Zuckerlmacher mit Leib und Seele und absolvierte noch als Teenager seine Ausbildung in der irischen Niederlassung seines Onkels. In den darauffolgenden Jahren konnte aber auch er das Unternehmen nicht mehr vor dem Untergang bewahren. Als die Situation in den späten 60er-Jahren zusehends prekär wurde, traf man 1971 schließlich die Entscheidung, es zu verkaufen. Die Übernahme durch Victor Schmidt & Söhne läutete das Ende einer fast 80 Jahre andauernden Erfolgsgeschichte ein. Das Fabriksgelände in Favoriten wurde geräumt und die Hallen untervermietet, noch bis in die frühen 2000er-Jahre blieb es im Besitz der Familie Heller und wurde schließlich ebenfalls verkauft. Heute steht das 130 alte Gebäude nach wie vor fast unverändert da und zeugt von einer Zeit, als die Gebrüder Heller von hier aus mit ihren Produkten die Welt eroberten.

Aus den bunten PEZ-Spendern kamen zu Beginn Atemerfrischer in Form rechteckiger Pfefferminzzuckerl.

PEZ

Die Geschichte der Marke PEZ und mit ihr die der weltberühmten rechteckigen Zuckerl und Spender, die inzwischen in Hunderten Formen im Umlauf sind – von Comic- über Filmfiguren bis zu Popstars –, beginnt mit einem unerwarteten Produkt: Nach einer Idee und einem Rezept seines Großvaters entwickelte der Oberösterreicher Eduard Haas III. im frühen 20. Jahrhundert ein Backpulver, das er im familieneigenen Linzer Gemischtwarenladen verkaufte. Unter Hobbybäckern war die unkomplizierte Hefe-Alternative bald sehr gefragt, kurz darauf gehörten auch eine Backmischung für Guglhupf mit dem Namen „Hasin" sowie Puddingpulver oder auch Senf zur eigenen Produktlinie – die Firma Haas war also in vielen Bereichen der Lebensmittelproduktion tätig und ist es noch heute.

Eduard Haas III. hatte es aber eine andere Produktidee angetan – er experimentierte um das Jahr 1926 mit einem Brausewürfel und verschiedenen Geschmackszusätzen, als er auf Pfefferminzöl stieß. Dieses war ausschließlich in Apotheken erhältlich und der Pfefferminzgeschmack deshalb auch eher mit medizinischen Produkten als mit Genussmitteln verbunden. Eduard Haas III. war dennoch von seiner Idee eines Minzbonbons überzeugt und testete seine neue Kreation aus Zucker und Pfefferminz zunächst im Freundes- und Bekanntenkreis. Die Resonanz dürfte positiv gewesen sein, denn 1927 war die Rezeptur für das neue Produkt fertig und Haas machte sich auf die Suche nach einem geeigneten Namen. Auch dabei wurde er bei Pfefferminz fündig, indem er kurzerhand aus dem ersten, mittleren und letzten Buchstaben des Wortes ein neues bildete: PEZ war geboren, in den ersten Jahren noch in Form runder Drops, bald schon schwenkte man aber auf die bis heute bekannte rechteckige „Tablettenform" um, die in Stangen zu je 14 Pastillen verkauft wurden.

Vermarktet wurden die kleinen Minzzuckerl in den Anfangsjahren als Luxusprodukt – Pfefferminz galt als hochwertige und teure Zutat, dementsprechend lautete im Jahr 1927 der Werbeslogan: „Das Luxuskonfekt der vornehmen Welt". Als Zielgruppe hatte man nicht nur wohlhabende Genießer, sondern auch die riesige Gruppe der Raucher auserkoren. Diesen wollte man einerseits eine Art „Ersatzprodukt" als Ablenkung anbieten – Eduard Haas III. galt als vehementer Nichtraucher –, gleichzeitig sollten PEZ-Zuckerl aber auch als Atemerfrischer für bessere Gerüche sorgen.

Schon in den ersten Jahren nach der Markteinführung der PEZ-Zuckerl verzeichnete das Unternehmen ge-

PEZ
PEZ
PEZ
PEZ
PEPPERMINT
PEZ
KRAUSE

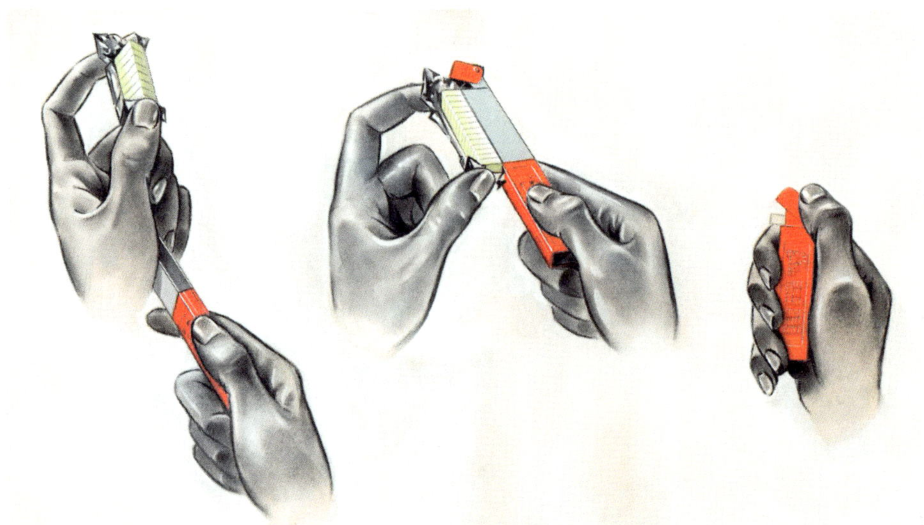

Wie ein PEZ-Spender korrekt befüllt wird, musste den Kunden zunächst noch genau illustriert werden.

waltige Umsatzsteigerungen, die Produktion wurde deshalb bald auf weitere Standorte ausgeweitet und andere Geschmacksvariationen von Anis bis Kaffee wurden in Umlauf gebracht. Doch Eduard Haas III. wollte noch mehr: Nach einer kriegsbedingten Produktionsunterbrechung in den 30er- und 40er-Jahren war sein erklärtes Ziel die Expansion nach Amerika. So reiste der Geschäftsmann im Jahr 1952 mit einem Koffer voller Produktproben nach New York City, der Legende nach soll er seine Proben direkt aus dem Koffer verkauft und sich so die Fahrtkosten finanziert haben. Nach einem längeren Aufenthalt in den USA meinte er, den dortigen Markt verstanden zu haben, und lancierte sein Produkt jenseits des Atlantiks. Doch der Produktstart verlief weniger erfolgreich als erhofft: Die „Luxuszuckerl" konnten in den USA kaum Fuß fassen.

Haas stellte schließlich fest, dass nicht jene erlesene Erwachsenenkundschaft, die er in Europa zu seinen Kunden zählte, Interesse an seinem Produkt hatte, sondern deren Kinder. Diese konnte man jedoch nicht mit Geschmacksrichtungen wie Pfefferminz und Kaffee überzeugen, so kam es im Jahr 1955 zur zündenden Idee: Fruchtgeschmäcke einerseits, farbenfrohe Spielzeuge zur Aufbewahrung und Entnahme andererseits. Hatten die ersten PEZ-Spender noch eine feuerzeugähnliche Form gehabt – erneut dürfte sich Haas hier an der rauchenden Zielgruppe orientiert haben –, wurden sie schon bald kindgerechter gestaltet: Eine der ersten prominenten Figuren, die einen Spender zierte, war der Weihnachtsmann.

Wieder hatte Eduard Haas III. den richtigen Riecher gehabt, wie sich schon wenige Jahre später zeigen sollte: PEZ entwickelte sich innerhalb kürzester Zeit zum Kult, die kleinen Bonbons mit Fruchtgeschmack fanden nicht nur unter kleinen Kindern reißenden Absatz, auch größere Zuckerlfreunde entdeckten die Spender samt Inhalt für sich. Waren es anfangs vor allem Tiere, die den Spendern ihre Form liehen, bewirkte schon bald ein weiterer Einfall des cleveren Marketingmannes durchschlagende Erfolge: 1962 erwarb man die Lizenz, Walt-Disney-Figuren abbilden zu dürfen, Donald Duck und Mickey Mouse waren der Startschuss für die Kooperation. Auch in puncto Verkaufsstrategien stieß man zu neuen Ufern vor: Zuckerl und Spender konnten nun nicht nur in Lebensmittelgeschäften, sondern auch direkt an eigens entworfenen Automaten gekauft werden – der erste seiner Art stand am Wiener Westbahnhof. Die Spender lösten Begeisterung unter Sammlern aus – und die hält an: Noch immer sind bestimmte

Heute sind einige der Spender aus der Fabrik in der Nähe der oberösterreichischen Hauptstadt Linz begehrte Sammlerobjekte.

Der Weihnachtsmann als Zuckerlspender und die Kooperation mit Walt Disney sorgten ab den 1960er-Jahren für reißende Absätze.

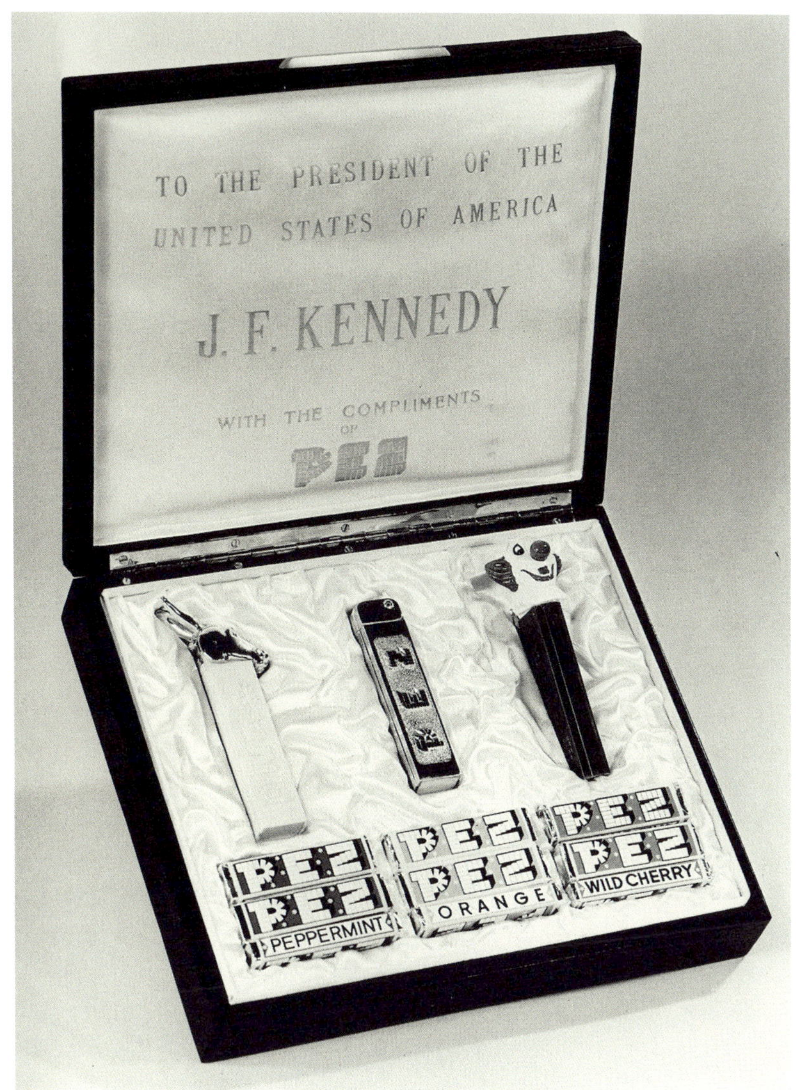

Bei seinem Wien-Besuch 1961 erhielt John F. Kennedy zahlreiche Gastgeschenke – unter anderem eine PEZ-Sonderedition.

Ausgaben besonders begehrt und wechseln für große Summen ihre Besitzer, limitierte Sondereditionen taten dabei ihr Übriges. Um manche davon hat sich ein regelrechtes Mysterium entwickelt: So bekam John F. Kennedy bei seiner Wien-Reise im Jahr 1961 eine Sonderedition der Spender in einer Holzschatulle geschenkt, diese gilt heute jedoch als verschollen.

Die Expansion nach Amerika erwies sich auch längerfristig und bis heute als goldrichtiger Schachzug: Neben dem Firmenstammsitz im oberösterreichischen Traun werden Zuckerl und Spender seit den 60er-Jahren auch im kleinen Städtchen Orange im US-Bundesstaat Connecticut gefertigt, das fabrikseigene Museum verzeichnet jährlich große Mengen an Besuchern. PEZ ist eine bekannte Marke im Land: Mehr als die Hälfte der inzwischen in rund 80 Ländern angebotenen Produkte werden in den USA verkauft.

ENGLHOFER

Wien mag seit jeher die österreichische Hauptstadt des Zuckerls sein, doch auch vom Süden des Landes aus verbreitete sich im frühen 20. Jahrhundert ein Name, der bis heute untrennbar mit ganz speziellen Zuckerlarten verbunden ist.

Franz Sales Englhofer ging zwar schon im zarten Alter von 17 Jahren unter die Unternehmer, in Bezug auf das Süßwarengeschäft könnte man ihn aber eher als Spätentwickler bezeichnen. Zunächst konzentrierte sich sein in Graz in der Mitte des 19. Jahrhunderts gegründetes Geschäft nämlich auf ein gänzlich anderes Genussmittel, das sich ebenfalls großer Beliebtheit erfreute: Englhofer handelte so erfolgreich mit Kaffee, dass er wenige Jahrzehnte später auch eine Mühle und Abfüllanlage für Kaffee in der steirischen Landeshauptstadt eröffnete.

Erst 1909, da war Franz Englhofer weit über 70 und hatte die Geschäfte längst an seine Söhne übergeben, folgte der Startschuss für die „F. S. Englhofer Zuckerwarenfabrik", die sich innerhalb weniger Jahre zu einem der Marktführer im Land entwickelte. Der Grund dafür lag nicht so sehr, wie bei anderen Granden der heimischen Süßwarenbranche, in Vielfalt und Umfang des Sortiments, sondern in der Einzigartigkeit der erzeugten Produkte. Gleich mehrere Zuckerlarten sind bis heute untrennbar mit dem Namen der Unternehmerfamilie verbunden. Ein Fokus lag dabei auf der Erzeugung nicht nur wohlschmeckender, sondern auch erfrischender und wohltuender Süßigkeiten: „Firn" heißen die in silberne Folie eingeschlagenen Pfefferminzzuckerl mit Schokoladenkern, die auch heute noch in österreichischen Supermärkten erhältlich sind. Vor einigen Jahren erlebte mit den Eukalyptuszuckerln „Arosa" ein anderer Klassiker aus dem Hause Englhofer eine Wiederauferstehung. Die „Eiszapfen" schließlich sind die dritte Sorte im Bunde der erfrischenden Bonbonklassiker, die schon im frühen 20. Jahrhundert in aller Munde waren.

Von Graz aus eroberte die Firma Englhofer jahrzehntelang den Süßigkeitenmarkt, in den 1970er-Jahren wurde das Produktportfolio mit der Übernahme Kirsteins und der Blockmalzzuckerl erweitert. Noch bis in die späten 1990er-Jahre befand sich das Unternehmen im Besitz der Gründerfamilie, die es schließlich an den Nestlé-Konzern übergab. Von dort wurde es wenige Jahre später an die Firma Storck verkauft, die die Wiener Zuckerlklassiker noch heute unter demselben Namen produziert.

Minzgeschmack mit Schokoladenfülle und Erfrischendes für den Hals – von Graz aus eroberte die Firma Englhofer damit den österreichischen Süßigkeitenmarkt.

Die Zuckerl-werkstatt

Wenn Christian Mayer nach seinem Beruf gefragt wird, leuchten seine Augen auf. „Zuckerlmacher" lautet die Antwort dann, und wenn er erzählt, wie es dazu kam, ist es beinahe unmöglich, sich nicht von seiner Begeisterung anstecken zu lassen. 2013 eröffnete er in der Herrengasse im ersten Wiener Bezirk gemeinsam mit seiner Frau Maria die Zuckerlwerkstatt und gründete damit nicht nur ein erfolgreiches Unternehmen, das vor Ort und in Handarbeit qualitativ hochwertige Süßwaren aus natürlichen Zutaten produziert. Die beiden haben damit auch – und vor allem – ein uraltes Handwerk vor der Vergessenheit bewahrt.

Im frühen Sommer des Jahres 2012 verbrachten Christian Mayer und Maria Scholz ihren Urlaub auf ausgedehnter Nordeuropareise, als sie eines Tages bei einem Zwischenstopp in Amsterdam der Geruch von Karamell und Pfefferminz in ein kleines Geschäft lockte. Der Ort, an den ihre Nase sie führte, erwies sich als Bonbonma-

Christian Mayer in seinem Element: In der Wiener Innenstadt stellt er seit 2013 mit seinem Team handgemachte Zuckerl her.

nufaktur, in der die Mitarbeiter gerade mit der Herstellung traditioneller Kissenbonbons beschäftigt waren. Das Paar war sofort verzaubert – von Duft und Anblick der bunten kleinen Köstlichkeiten, aber insbesondere von der Handarbeit, die sie bei der Herstellung beobachteten.

Der Charme der kleinen Manufaktur ließ die beiden auch nach ihrer Rückkehr nicht los und so dauerte es nicht lange, bis ein zukunftsweisender Entschluss gefasst war. Der Musiker und die Juristin hängten ihre Berufe an den Nagel und widmeten sich von nun an einem ambitionierten Plan: Eine eigene kleine Zuckerlmanufaktur im Herzen Wiens sollte entstehen. Kreditgeber und Immobilienunternehmen von der Idee handgemachter Zuckerl zu überzeugen, stellte sich schnell als erste Hürde heraus, zuallererst galt es aber ohnehin, das Handwerk des Zuckerlmachens zu erlernen. Auch das erwies sich als komplizierter als angenommen: Zwar war Wien einst eine der weltweit angesehensten Hauptstädte der Zuckerlmacherei und österreichische Unternehmen wie Kirstein, Englhofer und Heller hatten sich im 19. Jahrhundert in-

ZUCKERL
WERKSTATT
WIEN

Lollis in allen Farben und Größen sind nur ein kleiner Teil des Sortiments. Hergestellt werden auch sie mit viel Liebe, Know-how und in Handarbeit.

Eine Skandinavien-Reise im Jahr 2012 brachte Maria und Christian auf die zündende Idee, eine traditionelle Zuckerl-manufaktur zu eröffnen und das Handwerk so wiederzubeleben.

nerhalb kurzer Zeit zu Weltmarken emporgeschwungen, im frühen 21. Jahrhundert aber waren die Techniken, Methoden und ein Großteil des traditionellen Wissens weitgehend ausgestorben. So machten sich die angehenden Zuckerbäcker zunächst an akribische Recherche und erweiterten den Kreis der Suche nach geeigneten Lehrmeistern dabei auf ganz Europa. Fündig wurden sie auch in Deutschland, Schweden und Spanien nicht so recht, einige wenige Grundlagen der Zuckerlherstellung konnten sie sich aber immerhin aneignen. Unterdessen war aber ein Geschäftslokal gefunden und die Finanzierung geklärt – wohl auch dank der flammenden Begeisterung der beiden Jungunternehmer für das fast vergessene Handwerk. Rasch war auch die Einrichtung angeschafft, denn ein entscheidender Vorteil des Zuckerlmacher-Handwerks ist jener, dass es für die Produktion wenig komplizierte Geräte braucht: Große Scheren, Spachtel und Handschuhe zählen zur Grundausstattung des Zuckerlmachers, sein Arbeitsplatz besteht aus einem Granittisch sowie einer erwärmbaren Arbeitsfläche.

Kein Jahr nachdem Christian und Maria aus dem Urlaub zurückgekehrt waren, öffneten sich erstmals die Rollläden der Zuckerlwerkstatt in der Wiener Herrengasse. Auf 75 Quadratmetern fanden Produktion, Verkauf und

The Horace Mann Record
Benny Goodman, King Of Swing, Enjoyed Long Career

Vom der *New York Times Magazine* bis zur BBC: Das Medienecho nach der Eröffnung der Zuckerlwerkstatt war gewaltig.

The New York Times Magazine

↓ Motiv Zuckerl (Austria)
What Zuckerlwerkstatt calls rock candy is about as far from the American version as it gets. The round, smooth confections look more like millefiori glass designs from Venice than something you should eat: They include beautiful, tiny sugar depictions of everything from fruit to slogans to company logos. An Austrian couple, Maria Scholz and Chris Mayer, were on vacation in Sweden when they stumbled on a candy factory and fell in love with candy making. Back home, they sought out artisans who knew the old Austrian way of making hard candy by hand. In 2013, the couple opened a manufacturing facility in Vienna, producing beautiful candies with as many as 80 layers using only three tools: scissors, spatulas and their bare hands.

Lager Platz. Um die Wertschätzung und Hingabe für das alte Handwerk auch an Kunden und Besucher weiterzugeben, erhielt die Arbeitsfläche hinter Glas den prominentesten Platz im Geschäft und waren Kunden von nun an nicht nur eingeladen, die kleinen Naschereien zu verkosten, sondern auch deren Herstellung von Anfang bis Ende mitzuerleben. Nur so konnte schließlich der Zauber des süßen Handwerks, der Christian und Maria in Amsterdam eingefangen hatte, auch auf die Besucher des Geschäftes übertragen werden.

Der Anfang war gemacht, aber dass die Zuckerlwerkstatt heute weltweit zu den besten Manufakturen ihrer Art zählt, verdankt sie mehreren schicksalsträchtigen Zufällen, die direkt nach der Eröffnung passierten: Nur wenige Wochen später, im Herbst 2013, spazierte ein Redakteur einer beliebten Wiener Stadtzeitung am Geschäft vorbei und beschloss, sich die Sache genauer anzusehen. Kurz darauf tauchte der Betrieb zum ersten Mal in der Zeitung auf – und es sollte beileibe nicht das letzte Mal sein. Wie viele internationale Fernsehteams, Fotografen und Reporter sich die Manufaktur inzwischen aus nächster Nähe angesehen haben, lässt sich kaum mehr zählen, das französische Fernsehen gab dabei der BBC und diese wiederum dem *New York Times Magazine* die Klinke in die Hand.

Dieser erste Bericht im Wiener *Falter* war es, den ein betagter Herr eines Nachmittags zufällig aufschlug und sich daraufhin mit mehreren Säcken bepackt auf den Weg in die neue Manufaktur machte: Fritz Heller, der letzte Eigentümer der legendären Wiener Zuckerlfabrik im zehnten Bezirk und Enkelsohn des Gründers Wilhelm, stand eines Tages unvermittelt vor dem Verkaufstresen, um seine Freude darüber kundzutun, dass dem alten Handwerk nun wieder zu neuer Popularität

F.W.
Heller
VIENNA 1898
F.W.
Heller
VIENNA 1898

Fritz Heller (rechts) und Christian Mayer verband nicht nur die Liebe zur Zuckerlmacherei, sondern auch eine enge Freundschaft und Leidenschaft für das Sammeln.

Der letzte Eigentümer der Heller-Fabrik vermachte dem jungen Zuckerlmacher zahlreiche Relikte aus dem Fundus von G. & W. Heller – von Briefen und Zertifikaten (linke Seite unten) bis zum Rechnungsbuch.

verholfen werden sollte. Daraus erwuchs nicht nur eine innige Freundschaft zwischen den beiden Zuckerlmachern Christian Mayer und Fritz Heller, sondern auch die Bewahrung alter Schätze: In den Säcken, die Fritz Heller bei seinem ersten Besuch in der Manufaktur bei sich hatte, befanden sich alte Produktkataloge aus der Glanzzeit der Heller-Süßwarenfabrik, und die wiederum begründeten eine beeindruckende Sammlung, deren Einzelteile heute jeder Kunde der Zuckerlwerkstatt bestaunen kann – in Form farbenfroher Abbildungen der Heller'schen Erzeugnisse, die die Wände zieren, sowie alter Schriftstücke, Briefe und allerlei Devotionalien und Relikte, die Fritz Heller über die Jahrzehnte aufbewahrt hatte. Darüber hinaus kann auch jeder Kunde der Zuckerlwerkstatt ein Stück Geschichte probieren – originale Zuckerlsorten aus der Heller-Fabrik werden in der Zuckerlwerkstatt heute wieder nach Vorlage der über 100 Jahre alten Produktkataloge hergestellt.

ORIGINAL
Heller's
Wiener Zucker
Nº 1597
G.&W. HELLER, WIEN
SPEZIALITÄT
G.&W. HELLER
K.u.K. HOF- UND KAMMERLIEFERANTEN
WIEN
FRUTTINI
G.&W. HELLER WIEN
1322
ANANAS ERDBEEREN
1399
KUR PFLAUMEN
1378
ANANAS-SCHNITTEN
1398
G.&W. HELLER, WIEN
2040
WIEN
LVIA
KOLADE-BONBONS
HALTIGEM SORTIMENT

Die Heller-Devotionalien werden heute in der Zuckerlwerkstatt wie ein Schatz gehütet.

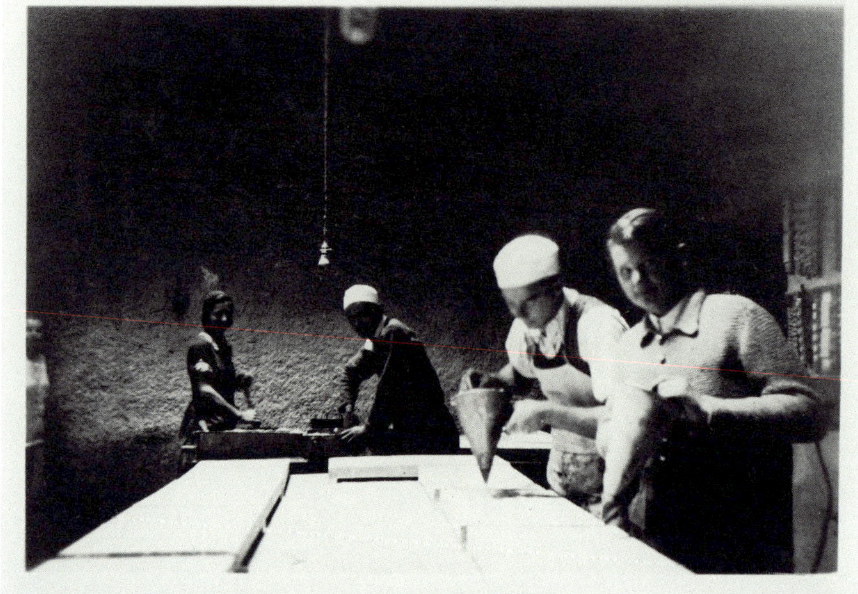

Max Fellöcker (oben rechts), Zuckerlmacher im Ruhestand, wurde zu Christian Mayers bedeutendstem Lehrmeister. Ein halbes Jahrhundert lang stellte er in Linz selbst Zuckerl her (links).

Schon um die Jahrhundertwende herrschte in der Zuckerlmacherei Fellöcker Hochbetrieb.
Überwacht wurde das Geschehen vom Dach aus.

Ein Fernsehbericht initiierte wenige Monate später eine weitere entscheidende Begegnung: Am Tag nach der Ausstrahlung stellte sich eine Anruferin in der Manufaktur als Tochter des 92-jährigen Linzer Zuckerlmachers Max Fellöcker vor. Dieser sei nicht nur noch immer im Besitz zahlreicher alter Maschinen, Werkzeuge und eines noch immer in Teilen funktionierenden Produktionsraums, sondern auch bereit, seine umfangreiche Expertise zu teilen. So fand Christian Mayer seinen bedeutendsten Lehrmeister, und die beiden schritten sogleich zur Arbeit. Das Kochen des Zuckers wurde vorgeführt, die richtigen Konsistenzen der zähflüssigen Masse demonstriert, Handgriffe geprobt, Theorie und Praxis dahinter erläutert. Dabei wurde endgültig deutlich, dass das Zuckerlmachen ein Handwerk im ursprünglichen und besten Sinne ist. Denn seine Grundsäule, erklärte der Experte, ist allein das Gefühl des Zuckerlmachers. Kein Thermometer in der brennheißen Zuckerlösung gibt so viele Informationen preis wie das Blubbern der Lösung, ihr Duft oder die Fäden, die sie beim Eintauchen eines Löffels zieht. Wer also gute Zuckerl produzieren will, so die zentrale Lehre, muss mit allen Sinnen arbeiten.

PRIZE MEDALS AWARDED TO
BUSH
LIMITED
LONDON, E.8.
POLAK & SCHWARZ G.m.b.H.
BERNARDGASSE 4-6
WIEN VII
Netto 25o Gramm 4o53
TRIPLE SEC ESSENZ PA
300 Gramm : 1oo Kilo
WIEN
500 g
Malz-Verstärkung 2297a
3o-5o g : 1oo kg
WURTH
PAULUSGASSE
Muster
(1oog)
648a

Die Walzen aus dem Jahr 1910 (oben) stammen aus dem Besitz Max Fellöckers und wurden von Christian Mayer behutsam restauriert. Heute versehen sie wieder Dienst in der Zuckerlwerkstatt. Die jahrzehntealten Aromen (links) dienen aber nur mehr Anschauungszwecken.

Nicht nur die intensive gemeinsame Arbeit und das lang ersehnte, nun endlich erworbene Detailwissen sollten die weitere Entwicklung der Zuckerlwerkstatt prägen. Denn wieder wechselten eine Reihe kostbarer Relikte ihren Besitzer, als Max Fellöcker sie Christian Mayer und seinem Betrieb vermachte. Ein rund 70 Jahre alter Vertreterkoffer voll kleiner Zuckerlgläser und Kostproben zählt zu den bestgehüteten Besitztümern der Zuckerlwerkstatt, andere Gegenstände versehen heute gar wieder Dienst: Für die Produktion der Walzenzuckerl kommen die aufwendig restaurierten Walzen aus dem frühen 20. Jahrhundert zum Einsatz.

Auch der rund 70 Jahre alte Vertreterkoffer mit den bunten Produktproben stammt aus dem Besitz Max Fellöckers.

Fig.2.

In der Salzburger Dependance der Zuckerlwerkstatt trifft Tradition auf Moderne und man kann den Zuckerlmachern hier ebenfalls auf die Finger schauen.

Schon wenige Jahre später verlangte der anhaltende Erfolg des Unternehmens nach mehr Platz, und auch der sollte einen Hinweis auf den Wert alter Handwerksarbeit geben – das Zuhause der 2016 eröffneten Salzburger Dependance der Zuckerlwerkstatt ist deshalb das 350 Jahre alte, renovierte Palais Kuenburg. Die zweite Produktionsstätte in Wien fand 2017 in einer ehemaligen Hafnerei Platz. Dort werden nicht nur Zuckerl in größeren Mengen hergestellt, sondern findet neben Büros, Rohstoff- und Produktlager auch der Dragierraum Platz, in dem ein gewaltiger Kupferkessel die Walzenzuckerl mit ihrer matten Außenhülle versieht. Auch die letzte Erweiterung des Produktsortiments in Form weicher Fruchtgelees wird hier produziert.

ZUCKERL
WERKSTATT

Wie ein Zuckerl entsteht, können Besucher in der Wiener Schaumanufaktur Schritt für Schritt beobachten …

... und sich im Anschluss durch die Produktvielfalt probieren.

2021 schließlich bezog man dann die große Schaumanufaktur in der Wiener Innenstadt. Nur einen Steinwurf vom Stammhaus in der Herrengasse entfernt, werden dort vor den Augen der Besucher verschiedene Köstlichkeiten produziert, die dann im integrierten Geschäft erworben werden können. Und das ist mit seinem Mobiliar der Jahrhundertwende inmitten moderner Architektur ebenso sehr ein Hinweis auf die Wiener Zuckerlgeschäfte aus alter Zeit wie der Beweis, dass die Zuckerlmacherei im 21. Jahrhundert erneut einen fixen Platz gefunden hat.

Süßes

Handwerk

Damals wie heute werden die fertigen Zuckerl vor dem Verpacken gesiebt, um Zuckerreste von den kleinen Kunstwerken zu entfernen.

Das traditionelle Handwerk des Zuckerlmachens war fast aus Österreich verschwunden und vergessen, als es vor etwas mehr als einem Jahrzehnt von zwei Wahlwienern wiederentdeckt und wiederbelebt wurde. Die Gründung der Zuckerlwerkstatt in der Herrengasse im Herzen der österreichischen Hauptstadt führte zu einer Renaissance der althergebrachten Methoden und bedingt heute, dass Wien einmal mehr eine der Hauptstädte des Zuckerls ist. Statt industrieller Verfahren werden hier lange tradierte Techniken genutzt, um die kleinen Kunstwerke zu erzeugen. Dabei kommen mitunter auch Gerätschaften zum Einsatz, die jahrzehntelang in Lagerräumen geschlummert haben und inzwischen wieder dafür sorgen, dass jede einzelne Süßigkeit, die die Manufaktur verlässt, auch der Verweis auf ein historisches Handwerk ist.

WIE EIN ZUCKERL ENTSTEHT

Das Rezept für ein klassisches Zuckerl liest sich recht kurz und hat sich in den letzten Jahrhunderten kaum verändert. Man könnte meinen, dass die geringe Anzahl der Zutaten Aufschluss über die Komplexität des fertigen Produktes gibt, doch weit gefehlt. Denn die Kunst, aus den zwei Grundzutaten Wasser und Zucker unter Beigabe von Farb- und Aromastoffen ein farbenprächtiges Zuckerl zu zaubern, ist geprägt von kleinteiliger Maßarbeit. Motivzuckerl, in der Fachsprache nennt man sie auch „Rocks", Walzen- und Seidenzuckerl bilden das Triumvirat der Wiener Zuckerlklassiker, und für jedes von ihnen ist trotz der Einfachheit der Grundzutaten eine Vielzahl von Arbeitsschritten nötig, die nur in Handarbeit zur Perfektion gelangen. In den Wiener und Salzburger Zuckerlwerkstätten kann man den Zuckerlmachern dabei über die Schulter und auf die Finger schauen – und wird so hautnah und aus erster Reihe Zeuge großer Handwerkskunst.

Die bestimmende Zutat jedes Zuckerls ist natürlich Zucker, ob Rüben- oder Rohrzucker ist für das Endergebnis in weiten Teilen nicht entscheidend. In der Wiener Zuckerlwerkstatt wird jedoch viel Wert auf Regionalität gelegt, deshalb darf nur österreichischer Rübenzucker ins Zuckerlglas. Dass dieser „Wiener Zucker" heißt, ist freilich kein Zufall: Die Rüben wachsen unweit der Stadt und werden im nahe gelegenen Tulln weiterverarbeitet und raffiniert.

Im allerersten Schritt kümmert man sich aber zunächst um eine andere Zuckerart, die in der Süßig-

Bartscher
3500 W

Es brodelt: Im Kochraum werden Rüben-, Traubenzucker und Wasser auf die perfekte Temperatur gebracht.

Wann die heiße Zuckerlösung bereit für die Weiterverarbeitung ist, erkennen geübte Zuckerlmacher an ihrem Duft und den Blasen, die sie wirft.

keitenherstellung als Gehilfe dient: Eine kleine Menge Traubenzucker wird zuerst in ein wenig Wasser aufgelöst und leicht erwärmt, erst danach kommt der handelsübliche Haushaltszucker ins Spiel. Die Kombination der beiden Zuckerarten ist essenziell für die spätere Verarbeitbarkeit der Masse, der Grund liegt in ihrer chemischen Struktur. Haushaltszucker oder Saccharose ist ein Zweifachzucker, der zwar beim Kochen flüssig wird, danach aber umgehend wieder kristallisiert. Aus ihm allein ließe sich also kein Zuckerl formen. Mithilfe des Traubenzuckers wird aus der Saccharose ein Mehrfachzucker, und der hat ganz andere Eigenschaften, denn er kristallisiert nicht sofort wieder aus. Stattdessen lässt sich die daraus hergestellte Zuckermasse vor dem gleichmäßigen Aushärten in alle erdenklichen Formen biegen. Für sich würden die beiden Zucker im Topf aber sofort verbrennen – wer schon einmal versucht hat, in der eigenen Küche etwas zu karamellisieren, weiß, wie rasend schnell Zucker ab seinem Schmelzpunkt dunkler wird und bald auch unangenehm bitter schmeckt. Das Wasser sorgt als Temperaturträger dafür, dass die beiden Zucker aufgekocht werden können und die so entstandene zähe Zuckermasse eine ganze Weile vor sich hin blubbern kann, ohne zu verbrennen. Eine gute Dreiviertelstunde dauert es, je nach Zuckermenge, bis sich ein sanftes Karamellaroma gebildet und die Flüssigkeit leicht Farbe genommen hat. In der Zuckerlwerkstatt landen pro „Batch" zwischen 10 und 20 Kilogramm Zucker mit den entsprechenden Mengen Traubenzucker und Wasser in einem Topf – im hauseigenen, von der übrigen Produktionsstätte abgetrennten Kochraum.

Schon in diesem frühen Stadium der Zuckerlproduktion ist Fingerspitzengefühl gefragt. Während manche Zuckerbäcker mit Thermometern arbeiten, um die Zuckerlösung auf die exakt richtige Temperatur zu bringen, arbeiten die wahren Profis nach Gespür und nehmen lieber ihre Sinnesorgane zu Hilfe. Das Blubbern und die Blasenbildung verraten ihnen genauso viel über

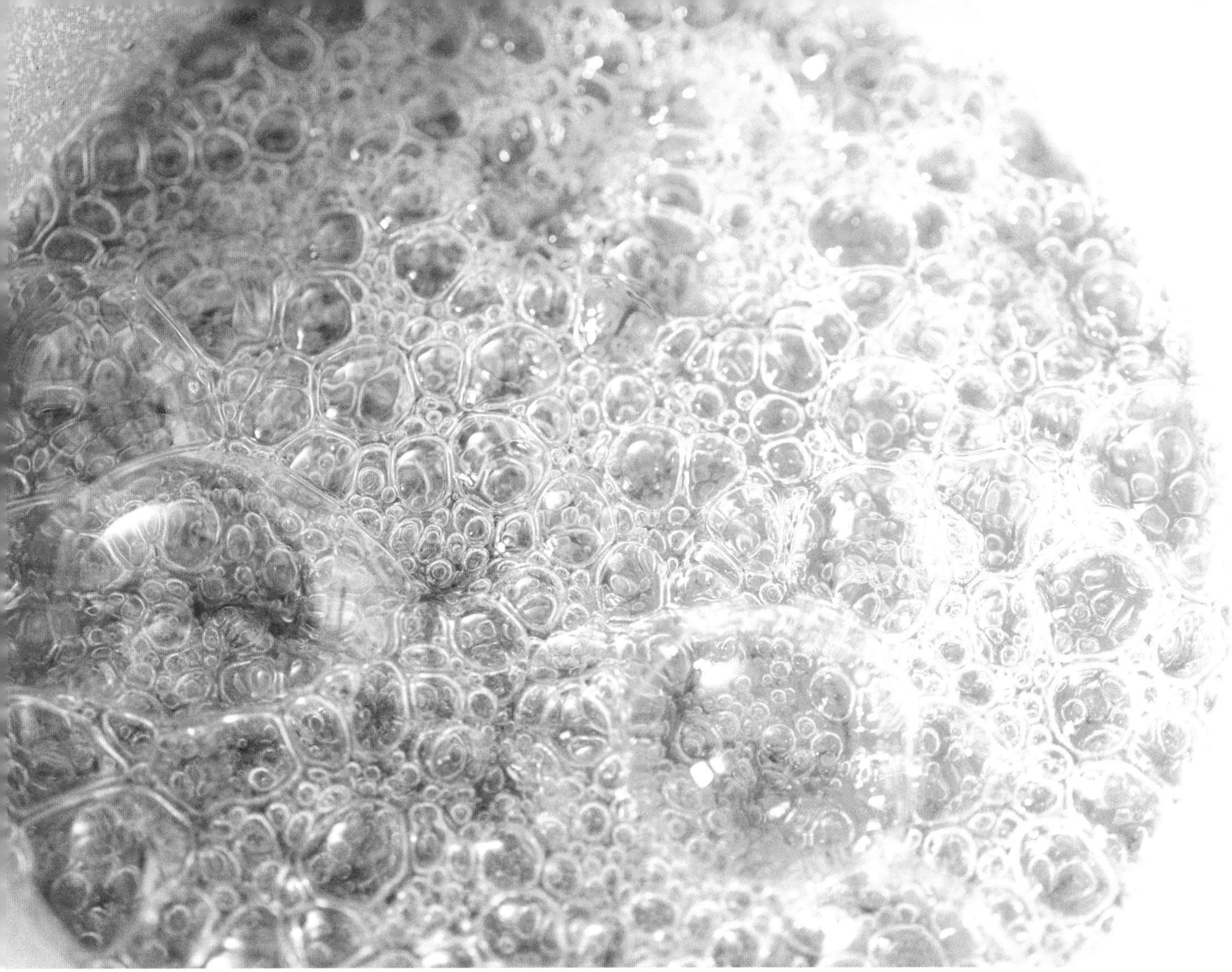

die richtige Konsistenz der Flüssigkeit wie deren Duft und Farbe. Damit Letztere zu idealtypischer Form auflaufen, braucht es wieder einen chemischen Prozess: Die Maillard-Reaktion kennt man landläufig hauptsächlich vom Braten oder Grillen, wo sie beim Einsatz großer Hitze durch die Neubildung von Molekülen Röstaromen entstehen lässt. Beim Zuckerkochen ist sie verantwortlich für Bräunung und feine Geschmacksnoten.

Wenn der Zucker so vor sich hin kocht, darf er nicht aus den Augen gelassen werden, um den optimalen Zeitpunkt der Weiterverarbeitung nicht zu verpassen. Viele Lebensmittel- und besonders Süßwarenproduzenten setzen heutzutage auf Aromastoffe aus dem Labor, haben sie doch eine Reihe von Vorteilen – vor allem sind sie billig, einfach herzustellen und einfach in der Verarbeitung. Wer aber beim Zuckerlmachen etwas auf sich hält und nach der höchsten Qualität strebt, nützt natürliche, nicht synthetische Aromen und Geschmacksstoffe aus Fruchtextrakten, ätherischen Ölen, Likören oder Spirituosen, die in die Zuckerlösung gerührt werden, kurz bevor diese vom Herd genommen und weiterverarbeitet wird.

Wenn das Ausgangsmaterial, die aromatisierte Zuckerlösung, für den nächsten Arbeitsschritt bereit

Fruchtextrakte wie Orangenöl sorgen für den Geschmack (links), dann wird die heiße Lösung auf den 300 Kilo schweren Granittisch geleert (rechts).

ist, ist sie vorerst noch recht unscheinbar: durchsichtig, mit leichtem Gelbstich, nur ihr leichter Duft nach Karamell und dem zugefügten Geschmack verrät, dass daraus Großes werden kann. Aus dem Topf fließt die Masse, die nun ungefähr die Konsistenz von flüssigem Honig hat, auf das Zentrum jeder Zuckerlmanufaktur: 300 Kilogramm wiegt der schwarze Granittisch in der Zuckerlwerkstatt. Seine Beschaffenheit ist sorgfältig gewählt, denn schwarzer Granit hat die höchste Dichte und kann Hitze am besten absorbieren, der Tisch kühlt die brennheiße Zuckerlösung also sanft ab. Währenddessen kommt die letzte und alles entscheidende Zutat dazu, denn die Zuckerl sollen am Ende schließlich in allen erdenklichen Farben leuchten.

Auch bei den eingesetzten Färbemitteln sticht Qualität günstigere Preise, hochwertige Zuckerl werden deshalb mit natürlichen Farbstoffen, Pflanzen- und Gemüseextrakten gefärbt. Das verlangt allerdings, vor allem in der Entwicklungsphase, eine Menge Geduld – Hunderte solcher Extrakte hat man in der Zuckerlwerkstatt ausprobiert, bis man auf die jeweils richtigen Zusammensetzungen gestoßen ist, nach dem Versuch-und-Irrtum-Prinzip sind dabei zahlreiche Kombinationen und Mengenverhältnisse getestet worden. Verantwortlich dafür, dass ein Zuckerl heute etwa knallrot daherkommt, ist zum Beispiel eine, natürlich in ihren Einzelheiten streng geheime, Mischung aus schwarzer Karotte, Johannisbeere, rotem Rettich, Holunder und Sauerkirsche. Natürliche Farbextrakte sind aber nicht nur viel teurer, sondern auch wesentlich empfindlicher, ihre Verarbeitung muss also mit besonderer Sorgfalt passieren. Weil sie sich bei großer Hitze verändern und die Farbpigmente dabei schlichtweg verbrennen würden, werden die Farben nicht in den Zuckertopf gerührt, sondern vorsichtig mit der abkühlenden Zuckerlösung auf dem Granittisch vermischt. Wie es danach mit der Zuckermasse weitergeht, bestimmt das Endprodukt.

Z W
ZUCKERL
WERKSTATT
WIEN · SALZBURG
Handgemacht in Österreich
Handmade in Austria

Z W
ZUCKERL
WERKSTATT
WIEN · SALZBURG
Handgemacht in Österreich
Handmade in Austria

Z W
ZUCKERL
WERKSTATT
WIEN · SALZBURG
Handgemacht in Österreich
Handmade in Austria

Z W
ZUCKERL
WERKSTATT
WIEN · SALZBURG
Handgemacht in Österreich
Handmade in Austria

Z W
ZUCKERL
WERKSTATT
WIEN · SALZBURG
Handgemacht in Österreich
Handmade in Austria

Z W
ZUCKERL
WERKSTATT
WIEN · SALZBURG
Handgemacht in Österreich
Handmade in Austria

LOVE
LOVE
LOVE

ZUCKERL
WERKSTATT
WIEN · SALZBURG
Handgemacht in Österreich
Handmade in Austria

ZUCKERL
WERKSTATT
WIEN · SALZBURG
Handgemacht in Österreich
Handmade in Austria

ZUCKERL
WERKSTATT
WIEN · SALZBURG
Handgemacht in Österreich
Handmade in Austria

ZUCKERL
WERKSTATT
WIEN · SALZBURG
Handgemacht in Österreich
Handmade in Austria

ZUCKERL
WERKSTATT
WIEN · SALZBURG
Handgemacht in Österreich
Handmade in Austria

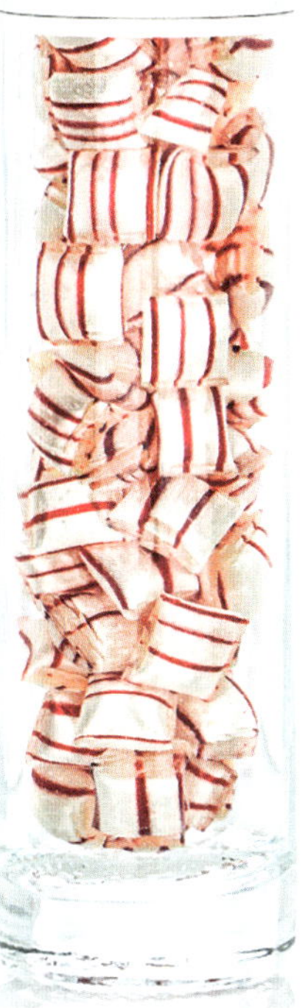

MOTIV-ZUCKERL

Fast zu schön zum Essen sind die kleinen zylinderförmigen Süßigkeiten, in deren Mitte ein buntes Bild prangt – von der Erdbeere über kleinteilige Blumenmuster bis zu Piktogrammen und Schriftzügen ist alles möglich und sind der Fantasie beinahe keine Grenzen gesetzt. Vorausgesetzt, die zuständigen Zuckerlmacher verstehen ihre Arbeit. Es handelt sich schließlich um die Königsdisziplin des Handwerks.

Nur Spachtel und Scheren sind als Hilfsmittel erlaubt, wenn ein Motivzuckerl in Handarbeit entsteht. Denn der Löwenanteil der Aufgabe liegt in der Handwerkskunst der Zuckerlmacher. Ihrem Geschick, ihrer Geduld und ihrer jahrelangen Erfahrung ist es zu verdanken, dass im Zentrum eines Zuckerls mit gerade einmal 13 Millimeter Durchmesser am Ende ein Bild, Schriftzug oder Symbol prangt. Dazu braucht es nicht nur viel Gefühl, sondern auch ganz praktische Fähigkeiten: Räumliches Vorstellungsvermögen, mathematische Kenntnisse und kontrollierte Muskelkraft gehören zum Standardrepertoire der wahren Meister ihres Fachs.

Diese erkennen schon beim schnellen Hinschauen und einem kurzen Griff, wann die auf dem Granittisch abkühlende Zuckermasse bereit für die Weiterverarbeitung ist. Welches Motiv daraus gebaut wird, muss freilich schon vorher feststehen, es entscheidet schließlich darüber, welcher Anteil der Masse aus Zucker, Wasser und Aroma auf dem Granittisch mit welchen Farben gemischt wird.

Sind die Farbanteile in die zähe Masse gerührt und geknetet worden, wird sie mit den großen Zuckerscheren in Einzelteile zerlegt und wandert zum nächsten Arbeitsplatz: Verwendete man hier in früherer Zeit mit Kohle oder Dampf beheizte Wärmetische, wird in modernen Zuckerlmanufakturen mit elektrisch erwärmbaren Tischen aus rostfreiem Stahl gearbeitet, die das zu schnelle Abkühlen und Aushärten der Masse verhindern. Nach Gefühl wandert die Zuckerlmasse nun zwischen beheizter und kühler Arbeitsfläche hin und her, damit sie die perfekte Temperatur für die Formgebung erreicht: Weich genug, um sich biegen, ausrollen und flachdrücken zu lassen, aber fest genug, um formstabil zu bleiben und nicht sofort wieder zu zerfließen. Es ist ein Gedulds- und Ausdauerspiel,

Ihre Farbenpracht verdanken die Zuckerl natürlichen Farbextrakten, die erst nach dem Kochen hinzugefügt werden.

Damit später „Danke" im Inneren der Zuckerl steht, müssen die Buchstaben einzeln per Hand modelliert und dann zusammengesetzt werden.

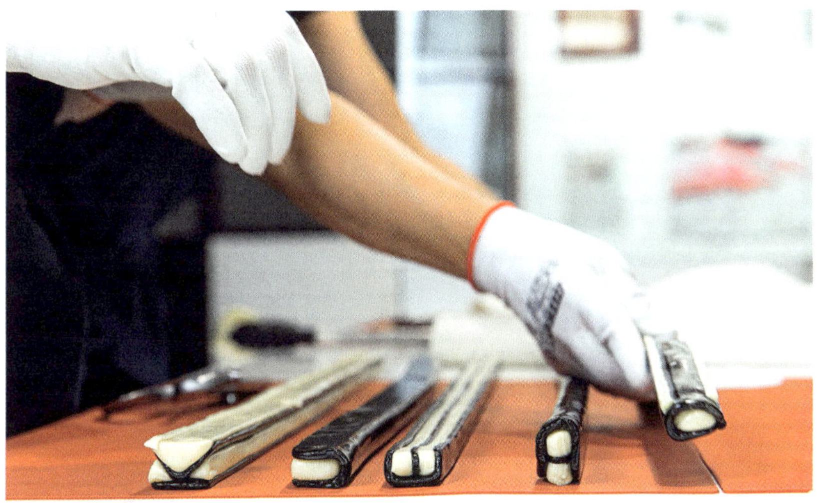

das dabei stattfindet, die dünn behandschuhten Hände der Zuckerlmacher werken gemächlich, aber bestimmt – und immer gemeinsam. Denn zwei Hände allein genügen nicht, um das stetige Kneten, Rollen, Wärmen und Kühlen der Zuckermasse einerseits und die Formgebung für das Motiv innerhalb der Zuckerl andererseits zu bewerkstelligen. Zuckerlmachen ist also immer Teamarbeit, je nach Menge der hergestellten Zuckerl wird zu zweit oder zu dritt gearbeitet.

Abhängig vom Motiv werden jetzt aus den verschiedenfarbigen Zuckermassen, die nun etwa so formbar sind wie Knetgummi, die Einzelteile für ein Motivzuckerl gefertigt – einfache Bilder wie ein Herz kommen dabei mit einigen wenigen Bauteilen aus, je komplexer das Motiv, desto höher die Anzahl der Einzelteile und desto kleinteiliger und detailgenauer auch die Arbeit. Den Rekord in der Zuckerlwerkstatt hält eine Sonderedition, die für die Damenspenden des Wiener Opernballs 2019 produziert wurde: Im Inneren der Zuckerl waren unter anderem das Diadem der Debütantinnen sowie die Außenfassade der Wiener Staatsoper abgebildet. Für Letztere brauchte es ganze 50 Einzelteile, einen vorher genauestens durchdachten Bauplan und die erfahrensten Zuckerlmacher der Manufaktur.

Mehrhändig und in konzentrierter Stille werden nun also exakt bemessene Einzelteile geformt, während ihre Temperatur immer genauer Beobachtung unter-

ZUCKERL
WERKSTATT
WIEN · SALZBURG
I ♥ VIENNA

Das Meisterstück der Zuckerlwerkstatt: Für die Abbildung der Staatsoper brauchte es insgesamt 50 Bauteile aus Zucker. Die Sonderedition war Teil der Damenspende am Wiener Opernball.

Werden die Einzelteile zusammengefügt, nimmt das Motiv auch für ungeübte Augen Form an.

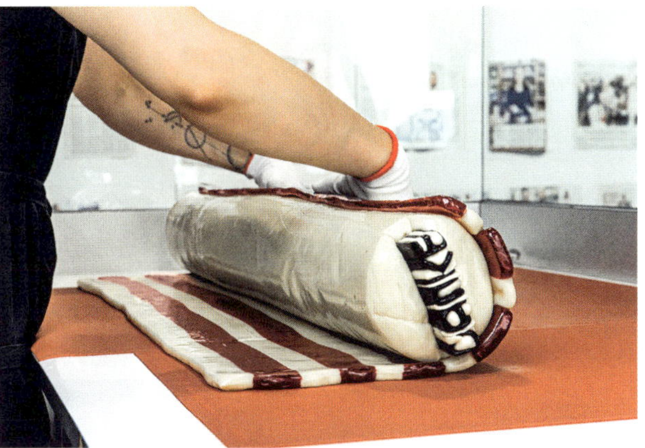

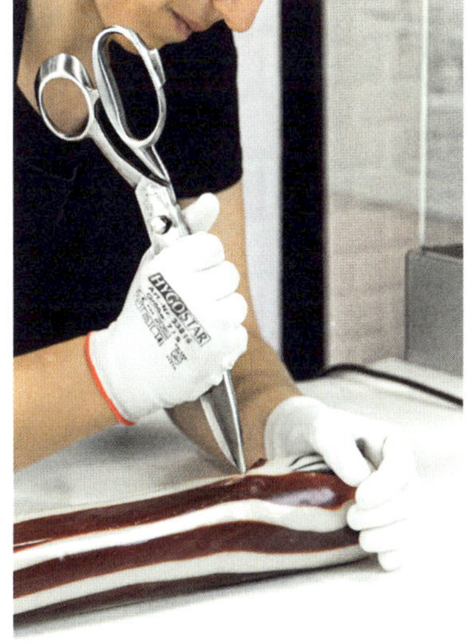

Die Außenhülle muss perfekt gleichmäßig sein, Luftblasen wird deshalb mit der Spitze der Zuckerlschere zu Leibe gerückt.

liegt. Dann wird mithilfe eines feuchten Schwämmchens zusammengeklebt, und wer nicht weiß, um welches Motiv es sich am Ende handeln wird, wird beim Zusehen oftmals auch nicht schlauer: Es braucht schon einiges an Erfahrung und Abstraktionsfähigkeit, um die Zusammensetzung aus verschiedenfarbigen Zuckersträngen als Bild zu erkennen. Anschließend wird das komplette Motiv mit einer Schicht Zuckermasse zu einem Zylinder geformt und dann in seinen finalen Mantel gehüllt, der natürlich ebenfalls passgenau geformt werden muss, damit er am Schluss gleichmäßig dick das Innere umschließt.

Am Ende der Bildgebung liegt auf der Arbeitsfläche ein rund 13 bis 20 Kilogramm schweres und 70 Zentimeter langes Riesenzuckerl, das nun ständig hin- und hergerollt werden muss, damit es sich nicht verformt und das Motiv dadurch verzerrt wird. Großen, in der Hülle eingeschlossenen Luftblasen rückt man dabei immer wieder mit der Spitze der riesigen Zuckerschere zu Leibe. Ist

Ist das Riesenzuckerl zusammengebaut, wird es per Hand in 1,3 Zentimeter dicke Zuckerstränge gezogen.

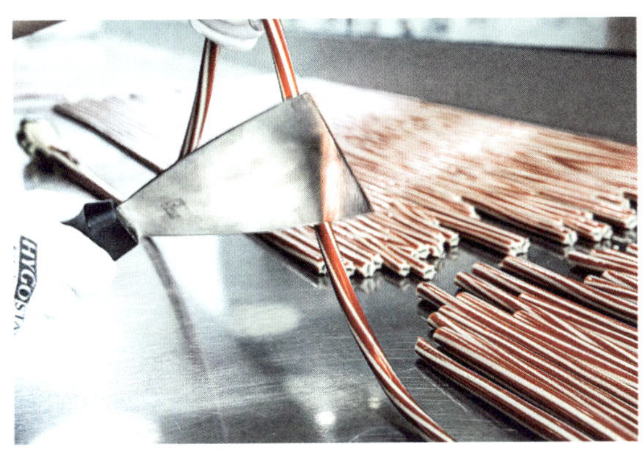

das Riesenzuckerl in die richtige Temperatur gerollt worden, auch hier entscheidet wieder allein das Gefühl des Zuckerlmachers, geht die Produktion ins Finale: Nun wird mit einigem Kraftaufwand und gleichzeitiger Behutsamkeit an einem Ende des Gebildes gezogen, und zwar so lange, bis ein 13 Millimeter dicker Zuckerstrang entsteht, der dann auf einer Länge von etwa einem Meter durch eine blitzschnelle Handbewegung mit der Spachtel abgehackt wird. Auch dieser Arbeitsschritt klingt leichter, als er ist, und zeigt erneut, warum es sich im wahrsten Sinne des Wortes um ein Handwerk handelt: Das Ziehen erfordert maximales Gefühl und jahrelange Erfahrung. Ist man zu forsch, bricht der Strang, wird zu dünn oder die Hülle wird eingedrückt und das Motiv am Ende verformt; ist man zu vorsichtig, wird der Durchmesser der Zuckerl zu groß und nicht gleichmäßig.

So geht es im Zweier- oder Dreierteam weiter – einer zieht, der andere rollt, bei Bedarf nimmt ein dritter die Zuckerstangen entgegen und hackt sie in der passenden Länge ab –, bis das ganze Riesenzuckerl langsam verschwunden ist und stattdessen zahlreiche lange, dünne Zuckerstangen auf der Arbeitsfläche liegen. Auch dort müssen sie immer wieder hin- und hergerollt werden, bis sie endgültig ausgekühlt sind. Das

Eine flinke Bewegung mit der geschliffenen Spachtel macht aus den langen Zuckerstangen einzelne Motivzuckerl.

In puncto Motiv sind der Fantasie der Zuckerlmacher keine Grenzen gesetzt – vom „Danke" bis zu Hirsch und Edelweiß.

Portionieren erfolgt erneut mit den Spachteln, die man der Optik nach vom Wändeverputzen kennt: Mehrere Zuckerstangen auf einmal werden auf einen kleinen Granitblock gelegt und mit flinken Bewegungen und scharf geschliffener Spachtelkante in gleichmäßige Stücke gehackt, eine Schüssel fängt die herabfallenden Zuckerl auf. Bevor das Ergebnis in große Plastiksäcke zur Zwischenlagerung verpackt wird, wird gesiebt, um kleine Zuckersplitter zu entfernen. Unter Einhaltung der idealen Luftfeuchtigkeit – wenn die Luft zu feucht ist, verkleben die kleinen Kunstwerke sofort –, werden die Zuckerl am Ende portionsweise verpackt, etikettiert und warten dann nur mehr darauf, von Naschkatzen verkostet zu werden.

I ♥
VIENNA

DANKE

WALZEN-ZUCKERL

Wer sich ein Zuckerl in Form einer Himbeere oder Orangenscheibe aus der Zuckerlwerkstatt in den Mund steckt, isst damit auch ein kleines Stück Wiener Zuckerlgeschichte. Denn die Walzenzuckerl gehören nicht umsonst zu geliebten Kindheitserinnerungen vieler Österreicher, waren sie doch einst Teil des Standardsortiments beinahe jeder großen und kleinen Zuckerlmanufaktur.

Ihren Namen verdanken sie dem alles entscheidenden Hilfsmittel, mit dem sie hergestellt werden – Negativformen, meist im Abbild einer Frucht, sorgen hier für die vollendete Süßigkeit. Heutzutage gibt es Walzen mit allen erdenklichen Motiven zu kaufen, in der Zuckerlwerkstatt aber kommen wahre Urgesteine zum Einsatz: Max Fellöcker, seines Zeichens im späteren 20. Jahrhundert Zuckerlmacher-Institution aus Linz, bewahrte die Walzen nach seiner Pensionierung im hauseigenen Lager auf, bis sie vor rund einem Jahrzehnt von Christian Mayer behutsam restauriert wurden. So dienen die einst in Wien handgefertigten Walzen aus dem Jahr 1910 heute wieder ihrem angestammten Zweck.

Der Ausgangspunkt ist derselbe wie für alle anderen Zuckerl: Die zäh eingekochte Masse aus Wasser und Zucker wird mit allerlei natürlichen Aromen versehen, beim Abkühlen auf dem schweren Granittisch sor-

110 Jahre alt und noch immer in Topform: Die Walzenpaaren prägen ihre Motive in die Zuckermasse.

Die heiße Zuckerlösung muss auch in diesem Fall zuerst am Granittisch abkühlen.

Die mit natürlichen Extrakten gefärbte und aromatisierte Zuckerlösung wird mit Scheren zerteilt, von Hand in rechteckige Form gebracht ...

gen pflanzliche Farbstoffe für die perfekte Optik. Wieder kommen dann die großen Zuckerscheren zum Einsatz – die Masse wird in handliche Portionen geteilt und dann zu Platten geformt. Diese wandern im Anschluss langsam zwischen die Walzenpaare: Von beiden Seiten wird damit das jeweilige Motiv in die Zuckerplatte geprägt. Heraus kommt ein Teppich voller zusammenhängender Zuckerl in entsprechender Form – Himbeeren und Co. sind dabei noch durch eine hauchdünne Zuckerschicht miteinander verbunden. Dafür, dass diese Schicht möglichst dünn ist, ohne aber schon beim Prägen zu zerbrechen, sind einmal mehr die erfahrenen Hände der Zuckerlmacher verantwortlich, die den Zuckerlteppich aus den Walzen in Empfang nehmen und ihn dann kurz zur Kühlung ablegen.

... und der Zuckerteppich dann mithilfe der Walzen in dreidimensionale Zuckerl geprägt.

Dann wird es laut: Mit Schwung werfen die Zuckerlmacher die Zuckerlteppiche in eine Wanne, in der sie zu Hunderten einzelnen Zuckerln zerbrechen. Die abgebröselten Verbindungsstücke werden ausgesiebt, übrig bleiben perfekt geformte, glänzende Naschereien. Um aber ein wirklich echtes Walzenzuckerl zu sein, braucht es die typische matte Hülle. Dafür kommt ein Dragierkessel zum Einsatz - und auch hier hat man sich in der Zuckerlwerkstatt gegen modernes und für bewährtes Gerät entschieden: Einst stand der riesige Kupferkessel in der Fabrik der Firma Egger, heute versieht das rund 70 Jahre alte Ungetüm, das optisch an eine Betonmischmaschine erinnert, seinen Dienst in der Zuckerlwerkstatt. Auch Teile der Arbeitskleidung der Zuckerlmacher lassen hier an eine Baustelle denken: Große Ohrenschützer gehören zur Standardausstattung, denn wenn sich im rotierenden Kupferkessel Tausende Zuckerl drehen, entsteht ohrenbetäubender Lärm von rund 130 Dezibel.

Mit Schwung landen die geprägten Zuckerl in einer Wanne (links), danach geht es in den 70 Jahre alten Dragierkessel (oben).

Das Dragieren, also das Überziehen einer Süßigkeit mit einer dünnen Zuckerschicht, ist eine Art Überbleibsel aus der Entstehungsgeschichte der Zuckerl – einst versahen die Apotheker ihre oft wenig wohlschmeckenden Erzeugnisse mit einer süßen Hülle, um sie genießbarer zu machen. Heute wird vor allem aus optischen Gründen dragiert: Die geprägten Zuckerl werden im Kessel mit Läuterzucker, einer flüssigen Lösung aus Zucker und Wasser, übergossen, ein chemischer Prozess bewirkt dann das perfekte Finish: Trifft die heiße Läuterzuckerlösung im Schleudergang auf die kühlen Zuckerl, passiert eine Rekristallisierung. Die vorstehenden Teile der geprägten Zuckerl werden dadurch mit einer matten Schicht überzogen, die die Dreidimensionalität der Süßigkeiten erst so richtig zur Geltung bringt. Wie lange sich die Zuckerl im Dragierkessel drehen, entscheidet der Zuckerlmacher nach Gefühl – es ist Teil des Handwerks, zu erkennen, wann die Zuckerl matt genug, aber durch die Drehbewegung noch nicht glatt geschliffen sind.

Im Dragierkessel folgt mithilfe des Läuterzuckers (links) das charakteristisch-matte Äußere, das die Form der Zuckerl unterstreicht.

SEIDEN-ZUCKERL

Seidenzuckerl, Seidenkissen, Krachmandeln – die wohl klassischste aller Wiener Süßigkeiten ist unter vielen Namen bekannt, die sich alle als Beschreibung eignen. Denn die Außenhülle der polsterförmigen Zuckerl schimmert wie, man ahnt es, Seide. Ihr Kern aus unzähligen hauchdünnen Schichten sorgt dafür, dass sie mit einem sanften Biss im Mund in ihre köstlichen Einzelteile zersplittern.

Auch die Basis jedes Seidenzuckerls ist mit Wasser eingekochter Zucker – die typische Perlmuttoptik verdanken sie nicht ihrem Inhalt, sondern ihrer Herstellungsart. Dabei handelt es sich um eine uralte Technik, die nur zwei Hilfsmittel braucht: einen an der Wand befestigten Zuckerhaken und Muskelkraft. Die aufgekochte und dann auf dem Granittisch leicht abgekühlte Masse wird dazu mit vollem Körpereinsatz immer wieder über den Haken geschlagen und in die Länge gezogen. Auf diese Weise werden Millionen winziger Luftbläschen eingearbeitet, die später durch Lichtreflexionen den seidigen Glanz verursachen. Vielerorts hilft man sich dabei heute mit Maschinen, die die anstrengende Arbeit des Zuckerziehens übernehmen, in Handarbeit gezogener Zucker gilt aber als qualitativ hochwertiger.

Ist das Ziehen beendet, landet die schimmernde Zuckermasse wieder auf den Wärmetischen, doch damit daraus ein original Wiener Seidenzuckerl wird, fehlen noch zwei wichtige Bestandteile: die bunten

Das Abkühlen der rund 130 °C heißen Zuckermasse erfordert Fingerspitzengefühl.

Mit Muskelkraft und dem Zuckerhaken an der Wand werden Luftbläschen in die Zuckermasse eingearbeitet. So entsteht der typische Seidenglanz.

Streifen und die Füllung. Für Erstere werden, ähnlich den Motivzuckerln, verschiedenfarbige Zuckerstränge geformt und in gleichmäßigem Abstand in die flach ausgerollte Zuckerdecke gedrückt. Beim Einarbeiten der Füllung zeigt sich die Verwandtschaft der Zuckerlmacher zu den Konditoren: Wie bei einem Blätterteig wird eine Schicht Füllung – klassisch sind Haselnussmark oder dunkle Schokolade – auf die Zuckerplatte gestrichen und die beiden Seitenränder nun immer und immer wieder eingeschlagen, in die Länge gezogen und zusammengefaltet, bis am Ende genau 256 hauchdünne Schichten entstanden sind. Dann wird ein XXL-Zuckerl geformt und dieses zu einem rund 13 Millimeter dicken Strang ausgezogen.

Füllen und falten: Zuerst wird dunkle Schokolade aufgetragen und die Masse dann immer wieder gefaltet. Ein Seidenzuckerl verbirgt am Ende genau 256 hauchdünne Schichten unter seiner schimmernden Hülle.

Der kräftig in die Länge gezogene Zuckerstrang (links) läuft durch die Prägemaschine (rechts), die den Seidenzuckerln ihre Kissenform verleiht.

ZUCKERL
WERKSTATT
Handgemacht in Österreich
Handmade in Austria
ZUCKERL
WERKSTATT
Handgemacht in Österreich
Handmade in Austria
ZUCKERL
WERKSTATT
ZUCKERL
WERKSTATT
ZUCKERL
WERKSTATT
Handgemacht in Österreich
Handmade in Austria

Auch Seidenzuckerl gibt es in unterschiedlichsten Ausführungen. Traditionell und klassisch besteht die Fülle aus dunkler Schokolade oder Haselnussmark.

Ein beherzter Griff und die Seidenzuckerkette zerbricht in ihre formschönen Einzelteile.

Die charakteristische Formvollendung übernimmt schließlich eine simple Maschine: Der dünn ausgezogene Zuckerstrang läuft durch zwei Zahnräder, die daraus eine Kette aus kissenförmigen Zuckerln machen. Nach dem Abkühlen auf dem Nirosta-Tisch fehlt nur noch ein beherzter Griff der Zuckerlmacher und sie zerbrechen in ihre köstlichen Einzelteile.

FRUCHT-GELEES

Wer an ein Zuckerl denkt, hat meist unweigerlich das Bild einer kleinen, harten Süßigkeit vor Augen, die den meisten Genuss verspricht, wenn man sie langsam im Mund zergehen lässt. Doch mitunter haben Zuckerl auch eine weiche Seite, die sich zum genussvollen Beißen eignet, wie Süßigkeiten aus Gelee eindrucksvoll beweisen. Die Herstellungstechnik hat man sich in Frankreich abgeschaut, gelten französische Patissiers doch als wahre Meister der *pâte de fruits*.

Dass Aromen beim Einkochen intensiver werden, gehört zum Standardwissen jedes Hobby- und auch Profikochs. Bei der Herstellung von Fruchtgelees macht man sich diesen Grundsatz zunutze – der Zucker wird nicht einfach mit Wasser aufgekocht, in diesem Fall dürfen die edlen Geschmacksessenzen stattdessen gleich mit in den Topf: Liköre, ätherische Öle, Spirituosen und Fruchtsäfte bergen schon für sich vielfältige Geschmäcke. Wenn sie aber gemeinsam mit dem Zucker langsam vor sich hin köcheln, tritt ihr außergewöhnliches Aroma noch weiter in den Vordergrund. Da liegt es nahe, sich auch für die jeweilige Flüssigkeit die bestmöglichen Produzenten im Lande zu suchen. In der Zuckerlwerkstatt wurden so im Lauf der Zeit eine Handvoll erlesener österreichischer Hersteller von Likör, Gin oder auch einer besonderen Cola-Variante, die im Mühlviertel aus regionalen Zutaten gebraut wird, zusammengesucht. Deren Erzeugnisse sorgen für den einzigartigen Geschmack der Fruchtgelees.

Der Geschmack der Fruchtgelees kommt von erlesenen Fruchtsäften, Ölen oder Spirituosen, die beim Köcheln ihr Aroma erst so richtig entfalten.

Die aromatisierte Zuckermasse wird mit Apfelpektin geliert und erhält dadurch ihre samtweiche Textur.

Dafür, dass die eingekochte Zuckerlösung nicht wie ein normales Zuckerl aushärtet, wird Apfelpektin als vegane Alternative zu Gelatine dazugemischt. Die Zuckerlösung kocht zudem auf niedrigerer Temperatur und hat so am Ende einen höheren Wasseranteil. Das wiederum stellt sicher, dass das Endergebnis auch nach dem Abkühlen samtig weich und elastisch bleibt.

Auch bei der Fruchtgeleeerzeugung ist der Granittisch das Zentrum der Arbeit der Zuckerlmacher und hilft dabei, die heiße Masse gleichmäßig und behutsam abzukühlen. Entsprechend dem Bekenntnis zur Handarbeit wurde die gelierte Masse in der Zuckerlwerkstatt bis vor Kurzem per Hand in kleine Würfel geschnitten, heute hilft man sich mit einer speziellen manuellen Schneide-

Nach dem Portionieren in gleichmäßige Würfel folgt ein Überzug aus Zucker und Zitronensäure.

vorrichtung, die extra angefertigt wurde – ähnlich einem Eierschneider verhelfen gespannte Drähte in gleichmäßigem Abstand zu akkurat geschnittenen Geleerechtecken, die zum Abschluss nur noch in einer Mischung aus Zucker und Zitronensäure gewälzt werden müssen.

Weil der Wasseranteil in den Gelees deutlich höher ist als in einem herkömmlichen Zuckerl, dürfen sie sich nach dem Schneiden und Wälzen noch ein wenig ausruhen und dabei gewissermaßen ausschwitzen – zwei Tage liegen die Würfel in einem genauestens klimatisierten Trockenraum, damit ihre Außenhülle kontrolliert trocknen kann und die kleinen Köstlichkeiten am Ende nicht zusammenkleben.

HANDGEMACHT
GIN TONIC
Mit original STIN Gin.
IN ÖSTERREICH
PIANO SOLO

ZUCKER-STANGEN UND LOLLIS

In amerikanischen Filmen sieht man sie stets am Weihnachtsbaum hängen, und über ihre Entstehungsgeschichte ranken sich zahlreiche Mythen – die gebogenen, rot-weiß gestreiften Zuckerstangen mögen hierzulande nicht ganz so weit verbreitet sein, gehören aber zum klassischen Sortiment jedes Zuckerlproduzenten. Genauso wie ihre engen Verwandten in eingedrehter und auf ein Holzspießchen gesteckter Form: Einst waren Lollipops die ultimative Belohnung für kleine – und große – Kinder.

In der Zuckerlwerkstatt werden sie nach demselben Prinzip gefertigt wie ein Motivzuckerl: Die heiße Zuckerlösung wird beim Abkühlen auf dem Granittisch zunächst mithilfe ausschließlich natürlicher Farbextrakte in eine bunte Masse verwandelt, in Einzelteile geschnitten und dann auf dem Wärmetisch in Form gebracht. Neben den klassischen rot-weißen Gebilden mit Pfefferminzgeschmack kann auch jede andere Farb- und Geschmackskombination entstehen, indem die Masse für die Außenhülle in dicke Stränge ausgerollt wird und diese dann mit ein wenig Wasser zusammengeklebt werden. Das so entstandene Riesenzuckerl wird dann unter behutsamem Rollen in die Länge gezogen, eine geschickte Handbewegung der Zuckerlmacher beim Ausziehen bewirkt die eingedrehte Optik der einzelnen Farbanteile.

Ob nach dem Portionieren nur der obere Teil aufgebogen oder alles zu einer Schnecke eingerollt wird, entscheidet das Endprodukt.

Ohne Granittisch geht gar nichts in der Zuckerlwerkstatt: Er kühlt die brennheiße Lösung sanft ab, bevor sie weiterverarbeitet wird.

Die Farbenpracht des fertigen Produktes erkennt man schon beim Blick auf seine Bestandteile.

Teamwork ist eines der Zauberworte der Zuckerlmacherei: Es braucht mindestens vier Hände, um ein gestreiftes Riesenzuckerl zu produzieren.

Daraus werden dann Zuckerstangen und Lollis, die erst nach der Formgebung endgültig auskühlen dürfen.

Die Arbeit muss schnell gehen, darf aber nie hektisch sein, damit sich die fertigen Produkte nicht am Ende noch verformen.

Zellophan und Schleifchen bilden das Finish, das die farbenfrohen Leckereien fast zu schön zum Aufessen macht.

Impressum

1. Auflage

Gesetzt aus der Barlow und der Mencken Std

Medieninhaber, Verleger und Herausgeber:
Red Bull Media House GmbH,
Oberst-Lepperdinger-Straße 11–15
5071 Wals bei Salzburg, Österreich

Text: Caroline Metzger
Umschlaggestaltung, Design und Satz: Lisa Haunschmid
Illustrationen: Zuckerlwerkstatt/NITA Studio für visuelle Gestaltung (Nita Brunnauer); außer: S. 8–9: istock/SpicyTruffel, istock/Inna Tarasenko, istock/ra3rn, istock/duncan1890, adobe stock/Yeti Studio, istock/Bowonpat Sakaew, istock/SvetlanaK, istock/Nastatic; S. 26: adobe stock/channarongsds; S. 58–59: adobe stock/zabanski, istock/Stefan Havadi-Nagy;
Bildnachweis: S. 6, 50, 61, 67.1, 71, 91.2, 106, 111, 115, 120–123, 124.1, 126–132, 138–139, 143–145, 148–149, 152–163, 166–171, 174–177, 180–183, 186–187, 190–191, 194, 198–199, 202, 206–213: Zuckerlwerkstatt/ Christian Mayer; S. 11: honey & bunny (Sonja Stummerer und Martin Hablesreiter) und Ulrike Köb. Hergestellt im Auftrag der Vienna Design Week; S. 15: adobe stock/ruzz; S. 16: adobe stock/Jackson Photography; S. 18: istock/Barcin; S. 19: adobe stock/Bits and Splits; S. 20–21, 43, 54–55, 74–75, 77, 88–89, 100–101, 108–109, 112–113, 114.2, 116–117, 134–135, 137, 146–147, 163, 172–173, 178–179, 184–185, 188–189, 204–205, 214–125: Antonia Berger/crea-via; S. 23: istock/Nastatic; S. 24: Shutterstock/mailsonpignata; S. 28–29: adobe stock/cgdeaw; S. 34: United States Information Servic / ÖNB-Bildarchiv / picturedesk. com; S. 37, 76, 79, 80–85, 86–87, 90, 91.1: Archiv Fritz Heller; S. 39: adobe stock/5ph; S. 44: Wien Museum; S. 52: Sebastian Menschhorn u. Claudia Lehner-Jobst f. d. Stift Klosterneuburg; S. 56: Projekt Gutenberg; S. 57, 104, 107, 124.2, 142: Zuckerlwerkstatt/Astrid Schwab; S. 62: Confiserie zum süßen Eck; S. 63: Archiv Seemann / brandstaetter images / picturedesk.com; S. 66, 67.2, 68–69: Egger; S. 72: Wilhelm Kirstein; S. 72–97: PEZ; S. 98–99: Englhofer/Storck; S. 114.1: Kronenzeitung/Christian Grohs; S. 118.1: Renate Lueger; S. 118.2–119: Archiv Familie Fellöcker; S. 141: istock/arinahabich; S. 150–151: Zuckerlwerkstatt/Patricia Rührig: S. 192–192, 195–197, 200–201, 203: Zuckerlwerkstatt/ Antonia Berger/crea-via

Herzlichen Dank an Hildegard Anzinger, Helmut Pois, Wilhelm Kirstein und Franz Gangelmayer für die zur Verfügung gestellten Informationen!

Printed in Slovakia by Neografia
ISBN 978-3-7104-0364-4